U0945676

诗词中国传少年

我是苏轼

在困境里种星星，把挫折酿成蜜

济南出版社

前 言

我，东坡居士苏轼，在北宋仁宗皇帝当政期间，度过了勤奋而快乐的童年；英宗皇帝一心想要重用我；野心勃勃但心地善良的神宗皇帝给了我大显身手的机会；在“叛逆少年”哲宗皇帝登基之后，我被一再贬谪；端王（即宋徽宗）继位的时候，我终于获得了自由，也离开了人世。我的人生历程，其实也是我的时代——北宋王朝，在政治斗争中逐渐衰落的过程。

我年轻时考中进士，但仕途却十分坎坷，总是大起大落。尤其是经历了可怕的“乌台诗案”之后，我被贬到黄州（今湖北黄冈），善于苦中作乐的我，在那里度过了一生中最充实、快乐的时光。从前的“苏轼”，在这里变成了“苏东坡”。当我想就这样种地、写诗、画画、酿酒、会友，在东坡雪堂度过一生的时候，命运的齿轮将我转到“元祐党争”的旋涡中……我又经历了两次贬谪，一次到惠州，一次到儋州。恰恰是在这三个失败的低谷里，我建立了被许多人称道的“人生的功业”。

我是大宋的进士、官员、欧阳修之后的文坛盟主，但我更喜欢我的其他身份：诗人、书画家、学者。当然，我还是一个农民、美食家、“资深驴友”、收藏家和养生爱好者。而我的灵魂是竹子、石头、泥土和月亮做的，自由而富有诗意。

在我漂泊的一生中，有穷山恶水，也有花前月下，不管处在什么样的环境里，我永远都忘不了故乡眉山的山水、南轩书房的墨香、年轻而知书达理的母亲、洒脱而学富五车的父亲，还有我的第一个同桌——亲爱的弟弟苏辙。

是童年的这一切，成就了我。

成功了，我不会骄傲；失败了，我也从不气馁。我和自己的困境幽默地周旋，在天地间安然自立，始终从故乡、童年、家庭和朋友身上汲取成长的养分，活到老，学到老，永远热血，永远童真，永远保持赤子之心。

我热爱自然，热爱世界，热爱朋友，热爱艺术，也热爱自己。

我的眼睛，永远注视着身边的美，眺望着远方的自由。

来，听一听属于我的故事吧！

目录

回首我的一生，值得纪念的人生阶段有很多，但我认为最重要的是元丰五年这一年，也就是公元 1082 年。

我的诗词书画代表作几乎都诞生在这一年：三月，我写出了被人称作“天下第三行书”的《黄州寒食帖》、我的词代表作《定风波·莫听穿林打叶声》；六月，我写出了举世皆知的《念奴娇·赤壁怀古》；七月，我写出了千古名篇《前赤壁赋》（作者按：入选语文教材，名为《赤壁赋》）；十月，我写出了《后赤壁赋》……

大江东去，对酒当歌。这一年，我在经历了人生最大的磨难“乌台诗案”后，从一个朝廷命官，真正变成了农民、艺术家，我有了一个新的名字——东坡居士。

从这一年开始，已经成年的我，又抛开了世俗的一切——“倒着活”，活成了一个在现实生活、精神世界和艺术领域里自由翱翔的老男孩。

在黄州的东坡雪堂里，我拉开了回忆的帷幕……

第一章

少时故乡，那些回不去的旧时光

在历史上，有许多了不起的母亲，如孟子的母亲、范滂的母亲，我的母亲也是。

1 天生一副洒脱骨的祖父

景祐三年（1036 年），农历十二月十九，在这个天寒地冻的冬日，我出生在四川眉山城南的一幢老宅里。

我是一个妥妥的摩羯座，没错，和唐代大文豪韩愈是同样的星座。我们那时候把星座叫作身宫。我离开眉山以后交到一个朋友叫马梦得，比我小八天，也是摩羯座，据说摩羯座的人吃的苦会多一些。有时候我会开玩笑地想：这出生的日子有没有可能就注定了我一生饱经忧患呢？

听到我哇哇的啼哭声，我的父亲苏洵非常欢喜，喜滋滋地跑到一幅画像前拜了又拜。这是神话传说里八仙之一张果老的画像。为什么会拜他呢？在我之前，我们家曾经有过两个孩子，但都夭折了。所以父亲到城中的玉局观，用身上佩戴的玉环，换了这幅画像，挂在房里。只要在家，他每天早上都会虔诚地在画像前求子。在他二十六岁时，生了我的哥哥景先，可是不幸在襁褓中夭折，翌年又生一女，即后来嫁与程之才的幼女八娘；在他三十一岁时，又有了我的弟弟——苏辙。我喜欢喊他的字：子由。

我的家在西蜀眉山，依山傍水。县城的东郊有一条玻璃江，两岸栽种着杨柳和桃树，水色清澈，直通岷江，我长大后就是沿着它离开家乡的。但是最终，我没能再回到故乡的怀抱。六十多年的生命里，我一直在漂泊，很少在一个地方生活超过五年，只能与我的家乡在不同的时间和空间里“千里共婵娟”。

但我的童年非常幸福，三代同堂，其乐融融。

毫不夸张地说，我家就是一个桃源仙境：荷池环绕，竹林深深，门前的梨树和榆树上，青枝绿叶间筑着许多鸟巢，每天我都在鸟儿婉转的歌声中醒来。穿过一座小桥，宅子外面，一垄垄肥沃的田地像我的描红册那样整齐，田埂上开着野花，地里是祖父种的粟，粟就是小米。我们家种了粟米也不怎么吃，祖父把每年的收成都储藏在大仓库里。到了荒年，他会把仓库门打开，先救济亲戚，再资助朋友和邻里，附近乡里的租户和贫农，都得到过祖父的施舍。乐善好施的祖父，得到了当地人的喜爱和尊敬，但他自己好像并不在意这些。

祖父是个“胆大妄为”的老人，我出生的时候，他已经六十三岁了，身体很好，声如洪钟，总是骑着毛驴，挂个酒壶，在田头街市转悠。整个小城，很少有不认识他的人。祖父胆子大，还不信邪，因为看不惯村民花钱拜佛祈求平安，有一次竟然趁着醉意，带人把眉山上的神像给砸了，庙也给拆了。经过的人看着断壁残垣，吃惊得捂住嘴巴。那个经常向村民勒索钱财的庙主也吓得瑟瑟发抖，可惜我没能亲眼见到。

事实证明，这世上是没有神明的。在他砸了庙宇三年后，他的儿子，也就是我的伯父苏涣，却考上了进士，这可是眉山头一份！

人果然还是要靠自己的努力，求神拜佛是没有用的。

别人家，包括我的外婆家，有子孙中了进士都是大宴宾客，庆祝多日。祖父却什么也没有准备，照旧在田垄席地而坐，呼朋唤友，喝得醉醺醺，尽兴了就骑上小毛驴去城里走走。在那个人人都望子成龙的年代，这份洒脱可算是难得了。

祖父从来不用言语教育我，也不管家里的事情，但是对邻里乡亲的事他总是很热心。幼年的我，听着他的那些“传奇”，跟在他的身后，嚼着他抛给我的花生米，在朦朦胧胧中建立了做人和行事的标准。后来，当我写出“竹杖芒鞋轻胜马，谁怕？一蓑烟雨任平生”的时候，实际上心里浮现出的是祖父豁达的人生观。

我的性格里有祖父的影子。

2 母亲是最好的老师

院子里来了桐花凤

冬天看到窗外的乳燕，就拉开窗帘，让乳燕能顺利地飞进来；看到屋子里撞窗子的苍蝇，就打开窗户帮它飞出去；给老鼠留点饭菜；夜里尽量少点灯，以免飞蛾扑火而死……这些都是母亲平时对我们的唠叨。

我的外祖父是眉山的富贵人家，还做过大理寺丞，母亲就出生在这样的家庭。嫁给我父亲后，她成了一个当之无愧的贤妻良母。她饱读诗书，既温柔又坚强，也很会“润物细无声”地教育我们。

在母亲身边，我们成长的第一课不是识字，而是万物平等，是应“保护和善待自然界弱小生命”的价值观。

母亲经常去城里的纱縠行，她为了让家里宽裕点，典卖了从外祖父家带来的一些嫁妆，在那里开了一家布帛店。四川人擅长养蚕制丝，做这个行业的同乡人不少，所以估计生意也不是太好，但是小孩子怎么会操心那些呢?

每天她一离开，我和子由就会立马活泛起来，准备用偷偷藏

起来的小弹弓比赛打鸟。我们家有个好看的园子，种了柏树、桃树等，还有一片竹林，所以这里成了鸟儿的天堂，书斋的檐下，还有两个燕子窝呢。

可今天我翻遍了书箧和抽屉，都没有找到那把用树枝做的小弓——一定又被母亲收走了吧，这已经是失踪的第三把弓了。母亲不允许家里任何人捕抓或者射杀鸟儿，甚至大喊大叫吓唬它们也不行。她说人不能因为自己强大就行不义之举。好吧好吧。一开始我和子由因此闷闷不乐，都觉得为了做个好孩子，真是少了很多趣味。谁料有一天，我们正在院子里啃玉米时，玉米粒掉在地上，竟有一只小雀飞过来，睁着黑豆一样的圆眼睛，一小步一小步地跳近我们，我心里欢喜得一塌糊涂，但我握紧了小拳头，克制了自己想要抓住它的念头。

正是因为我家从不随意吓唬和伤害这些小生命，所以来我家筑巢的鸟儿越来越多，它们很自在地在低低的梅花和桂花的枝杈间做了窝，我一踮脚，就能看见生着小雀斑的蛋，或者张着嫩黄小嘴的雏鸟。尤其是四月的一天，竟然飞来了许多叫桐花凤的小鸟，把我家紫桐树当成了它们飞翔的乐园，惹得邻居也过来观赏。我和子由万分得意，自是不许他们发出声音，生怕惊吓到这些天外来客。桐花凤就像会飞的花儿一样，羽毛蓝紫鲜黄，美艳不可方物，喜得父亲大笔一挥，给南轩书房改名为“来凤堂”。

所以姐姐跟我说：“要听娘的话，娘总是对的。”

可我还是会忍不住偷偷地抱怨——娘管得也太严了吧。

不过后来我在做父母官时，首先想到的总是百姓和民生，我想这种态度一定是来自慈悲的家风。

善念是一切美好的源头。

纱縠行异事与守规矩

母亲除了不许我们戏弄、残害小生灵，有时也会“扼杀”我们的好奇心。

七八岁的时候，下了学堂，或者逢到放假，我最喜欢去母亲的布帛店，因为附近有许多年纪差不多的玩伴，伯父家的堂兄弟不欺、不疑、不危也偶尔来玩，这里买零嘴也方便些，还能够看看学堂外的人在做些什么、说些什么。

有一天，还真让我遇到了一桩奇事。

店里两个婢女姐姐正在租赁来的店铺里间熨烫布帛——刚进来的布匹被压皱了，要处理好了才有卖相嘛。我对那花花绿绿的织物根本不感兴趣，但是我喜欢看烧了炭的青铜熨斗，在婢女姐姐的手中迅速地移来移去，她俩一个握着木柄前进着熨烫，一个倒退着展开尚未处理的布帛，那些褶皱就神奇地被熨平了。我和子由就在她俩晃动的影子里扑来扑去做游戏。忽然，那个不时小步倒退的婢女姐姐尖叫了一声——她的绣花布鞋卡到了地板下面。

我们连忙冲过去查看：哇！这还了得，几米深的地下，竟然有一个瓮，上面只是用黑色的木板盖住了。我们兴奋极了，准备挖宝。可是母亲闻声赶来，立马命人重新用土把那个坑填好，不让我们碰那个瓮。关键是，我俩认为那个瓮里好像有活的东西，总是发出像人一样的咳嗽声，惹得我和子由经常又胆怯又好奇地接近那间屋子，伏地听声，心痒如猫挠。

那声音一年以后才消失。更奇怪的是，后来我们家不开店了，表兄接手这间铺子后，他掘地三尺也没有挖到那个神奇的瓮，它好像不翼而飞了。

我也问过母亲："您就不好奇瓮里装着什么吗？这屋子我们花银两租下了，不就是我们家的了吗。"但她真不愧是大理寺丞的女儿，对不属于自己的东西绝不生觊觎之心，还教导我和子由，做人要有分寸和规矩。

我很佩服母亲，也很惊讶她好像一点儿"好奇心"也没有。

后来我慢慢地知道，这就叫自律。我把这个故事讲给妻子听过，也讲给和我一样充满探索欲的儿子苏迨和苏过听过。

在历史上，有许多了不起的母亲，如孟子的母亲、范滂的母亲，我的母亲也是。

母亲教我读书明理

在学问上，母亲可以说是我和子由最重要的启蒙老师。父亲外出游学的时候，母亲亲自教我们读书。当然少不了填鸭式的背书式教育，我们以前都是这么学习的，但我的母亲还懂得启发式教育。而我的聪明和敏捷一向让她很满意。在昏黄的油灯下，或者晴朗的

清晨，她坐着，我站着，弟弟旁听着，她问，我答，这是我们母子关系最甜蜜的时候。

有一次，在读到《后汉书》里的《范滂传》时，我被这个长长的故事迷住了，正直勇敢的范滂让我敬佩得不得了。我问母亲："如果我将来做范滂这样的人，少年时便有澄清天下之志，不怕苦，也不怕死，母亲是否允许呢？"母亲长叹一声，摸了一下我的小脑袋，说："你能够做范滂那样的人，我难道就不能成为范滂母亲那样的人吗？"我们相视一笑。

母亲的言传身教，对我的一生影响都很大，读书不仅仅是为学习知识，更要学习古人的道德和气节，其中也包括那为了真理而不惜以生命抗争的志向和勇气。后来，在我坎坷的仕途里，当我遇到不公平不正确的事需要面对时，我的耳边经常回响起童年时和母亲的对话。

3 苏家的全天候文化课

严厉的启蒙老师

伯父中进士的时候，我的父亲苏洵只有十五六岁，用他自己的话说，还在“游荡不学”的人生阶段。他不喜欢科举考试，喜欢读自己喜欢的书，也喜欢远游。祖父偶尔会唠叨几句，但从来没有限制过他。祖父认为每个孩子都有最适合自己的成长道路，总有一天会自己醒悟。果然，如此大约十年，父亲忽然改变了想法，开始发愤读书。“苏老泉，二十七，始发愤，读书籍”，父亲自号老泉，《三字经》里的这一段，说的就是他。厉害吧！

每逢农闲，我们家的那一顷山田，就暂时不需人照料，于是父亲就给我和子由留下作业，然后出门了，真羡慕他过得如此恣意快活啊！希望有机会我也能走出眉山，到处去玩。

后来长大了，自己也漂泊四方，我才明白人们为什么常说不仅要读万卷书，也要行万里路，也知道了父亲的远游其实是出去参加科举考试或者“以文会友”的。他游历到成都，结识了大学问家、益州知州张方平；游历到汴京，结识了欧阳修、曾巩、梅尧臣、王安石、张先、司马光……和这些人的交往使父亲的学问和思想都大有长进，也给我和弟弟预先“培养”了许多大师级的老师，使我们将来很容易地就得到了他们的指点、荐举。

父亲曾经六年不写文章，把功夫都用来攻读经史，所以我和弟弟有一个藏书很丰富的家庭图书馆，可谓“门前万竿竹，堂上四库书”——只是稍微夸张了一点点而已，以及一位学富五车、才高八斗、文章落笔惊风的启蒙老师。

因为他自己读书晚，所以对我们要求就超级严格。我和子由在学堂里认真学习的时候，他却运气不太好，每次出去赶考都是失败而归。他每次回来后，都疲倦地倚在罗汉床上，听我和子由背书，渐渐地把成功的希望都寄托在我们两个身上。

我年纪一大把以后，有一天晚上做梦，梦见自己小时候有一次玩得忘了形，到了父亲限定要读完《春秋》的最后期限，才只稀里糊涂地读了一小半，心里着急得像吞了钩子的小鱼一样，结果被父亲拎到书房里一顿责骂，醒来后惊出一身冷汗。

我们童年的快乐因此打了折，但却成了其他孩子眼里的学霸。

正是在他的敦促之下，我打下了很好的基础。父亲写文章最讨厌当时文坛流行的华而不实的风气，要求我们写质朴自然的句子，言之有物。他让我们背诵、学习孟子、荀子、韩愈、柳宗元这些大家的文章，这恰好对了后来我们科举时的主考官欧阳修的路子，而我们父子三人最终也和他一起名列“唐宋八大家”。

"诡计多端"地骗我读书

十来岁的时候，我开始学做文章。我记得我自己最得意的一篇是模仿欧阳修的表文写的《谢赐对衣金带马表》——这是一封格式严谨的感谢信。我化用典故，写出了"匪伊垂之带有余，非敢后也马不进"这样的句子，父亲非常满意，说希望这句话我将来能自己用上。因为当上翰林学士以后，写谢表时就用得上这些谦辞了。哎，他和祖父真是一点儿都不像，这么望子成龙！但是也夸得我飘飘然，写文章更来劲了。当然，父亲的这个期望后来是实现了的，我后来多次得到皇帝和太后赏赐的对衣、金带、宝马，所以也多次写过谢表，有一次玩心大起，还真的用了童年之作中的这个句子。

事实上，我已经够勤奋了，而"狡诈"的老苏呢，还嫌不够。他经常给我讲一两个故事，且是没有结尾的故事，勾起我的兴趣，我揪着他的袍子问："还有呢？然后呢？"他却笑而不答，还故意把有这个故事的书藏起来。这下好了，一旦我翻箱倒柜地找着了，那就不得不如饥似渴地看完！像《战国策》，我就是这样看完的！

而有一些书，父亲会故意放在我随手可以拿到的地方，让我用休闲的、碎片化的时间去读一读。我很懂享受的，比如在牛背上，我读的是《千字文》《诗经》《楚辞》这些朗朗上口的韵文——对，有时候祖父的朋友会把他们耕地的牛借给我们，说是让我们帮着放牛吃草，其实还不是让我们小孩子去野外撒欢。

唐诗里说"牧童遥指杏花村"，我这个牧童呢，是稳稳地坐在宽厚稳当的牛背上，看看风景，读读书，神游一番。它不紧不慢地驮着我，时而穿过开满各色杂花的野地，时而走上两边密布着榆树、柳树的林中小道，“川平牛背稳，如驾百斛舟。舟行无人岸自移，我卧读书牛不知”，它健硕的蹄子一提一放，带起的泥点松松软软，那轻轻颠簸简直合拍了我正在背诵的《诗经·国风》，字里行间，弥漫着田野和春天的气息。风里飘来草香，不远处的小河水哗哗地流动着，我觉得自己像个神仙一样。

不同的心境和环境里，读书的滋味各不相同。

“沉浸式”家庭教育氛围

父母从来没有跟我说过，但是我知道他们最开心的时候，是坐在书房里，微眯着眼睛，听我和弟弟用童音朗朗念书，而窗外是“修竹数百，野鸟数千”的时候。后来，我也是如此，每次听到儿子读书的声音，心里都很欢喜。

读书不能死读书，还要活学活用。母亲喜欢对我们抛出一个个问题让我们自己寻求答案；父亲更是经常给我们布置作文题；或者父子三人同读某篇文章后，各抒己见。我们家的书房里，总是飘荡着一家人探讨学问的声音，弥漫着淡淡墨香的一个个普通日子，是我对童年最深的印象。

父亲除了读书作文，还是一个收藏家，而且是一个很痴迷的收藏家。他曾经在寒冷的冬天脱下自己身上的貂皮袄，就为了换回一块形状像假山的楠木。至于名家字画就更多了，而且经常拿出来教我和弟弟鉴赏，我们就这样在一知半解中也慢慢培养起了对艺术和艺术品的兴趣。但是，也有讨论得过于激烈，让老苏恨得咬牙切齿的时候：我们家收藏了一张唐代名琴——雷琴，泠泠七弦，手指拨过去就发出动听的声音，这可太让我好奇了，于是，我就把琴拆开了……

现在回想起来，那种家庭氛围，那段读书时光是多么美好啊。我虽然贪玩，但也是非常好学的，所以可以无愧地写一句“我昔家居断还往，著书不复窥园葵”。不专注、不下苦功夫是不可能做出成绩的，何况我还要给弟弟做榜样。

我十多岁的时候，祖父去世了，我很悲伤。但是我们家的第一个进士，外出任职的伯父因此守孝回家，倒是给我和弟弟提供了机会，得以经常向他请教。

学问上的收获倒在其次，伯父教导我们的一段话，我始终铭记在心。他说自己小时候读书从不让老师烦恼，一天的读书任务不完成，绝对不停下来。在外面走路要规规矩矩，一个人的时候也不懒懒散散，并且交往的朋友也都是这样的。他让我们记着他的这番话，才气可以不如别人，但在人格、行为上要严格要求自己，这是能够做到的。

除了听命读书，我自己最喜欢读的是《庄子》。南轩有很多藏书，十岁的那个早晨我第一次读到《逍遥游》时，就被这位先秦的道家学者迷住了。原来我自己头脑中那些新奇的、天马行空的想法，这个人早就潇潇洒洒地写出来了呀！

家里人是我的老师，书中也有我的老师。

这样一个书香家庭，像沃土一样滋润着我和子由这两个文学少年。以后，我们会成长为怎样的人，会不会成为大文豪，可能我的家人从来都没有想过。他们只是毫无保留地把自己生命中最宝贵的东西给了我们——时间、知识、做人的道理，并且引导着我们走好人生最初的一段路程。

第二章

我的词典里没有“委婉”

先生的宽容，越发养成了我心直口快的性子，这让我后来在仕途官场上吃了不少亏，但我不悔。

1 天庆道观书院的小学童

六七岁的时候，我被送到了天庆道观书院读书。我们宋代的皇帝有点儿崇尚道教，所以全国各地有很多道观，而且都是政府出资、贵族捐助建设的。书院面积很大，殿宇廊庑，辉煌壮丽，还有许多壁画、神像、法器。大殿的后面就是我们的教室，一百多个学童分布在不同的班级。

我凭着自己的聪明伶俐，很快就成为学霸。除了我，还有一个学霸叫陈太初。据说他后来一心修炼道术，走上了一条和我不同的路，求仙问道去了。

之所以如此，可能是因为我们的老师张易简就是个道士，仙风道骨，总是穿着一袭灰色道袍，讲诗文，也讲奇闻趣事。

私塾里的日子很是快乐，教的很多内容我都已经会了，所以除了在教室里读书识字听故事，我还在道观到处闲逛，那些壮观的壁画、精美的神像，让我对绘画产生了最初的兴趣。偶尔我也会带着子由翘课，去抓抓鱼，采采野果，探探险。

学诗和写诗是书院的功课之一。有一次我写了篇《黠鼠赋》，因为我在纱縠行的小吃店门口看见一只狡猾的小老鼠，它找东西吃的时候不小心掉在了一个瓦瓮里，瓮壁很光滑，它爬不出来，只好装死，肚皮朝天，屏住呼吸一动不动，等店小二尖叫着把“死老鼠”倒出来，一脸嫌弃的表情还没来得及收回去，它就一个骨碌翻过身，拖着细长的尾巴飞快地溜走了。这就是生存的智慧吧，太有趣了，我当然要把它写到诗里去，当然又得到了先生的夸奖。

我刚刚迷上写诗时，巧遇了一个老道士，他住在书院偏殿里，也非常喜欢写诗、念诗，我到现在还记得在他后窗捡栗子的时候，耳朵里飘来他念诵的诗句，有一句“夜过修竹寺，醉打老僧门”，一下子就让我眼前出现了画面感。后来，我知道这是一个晚唐的诗僧写的句子。

上学当然会有很多趣事。有一次，有人带了一首赞扬当朝文士的长诗到书院，好像是叫《庆历圣德颂》，我也挤在人群中看到了，每一个字都认识，也能把整首诗念出来，可是对于诗里出现的十一个名字——韩琦、范仲淹、欧阳修……却不太了解。我个子矮，挤不到前面去，只好扯着先生的袍子好奇地问：“这些是什么人？”先生拿折扇挡了一下我被墨和灰染得脏兮兮的小手，说：“你还小呢，这些大文士和你没关系。”

这倒惹得我不服气了，我问先生：“难道他们是神仙吗？如果他们也是凡人，我为什么不可以多知道一些呢？”

于是先生低头诧异地看了我一眼：“你这小子！将来肯定不一般！”在他的耐心讲述中，我知道了这些人都是我们当代的人杰，了不起的大师。我心里暗想：我要好好学习，总有一天，要和他们结交一番。

任何事情，你首先要敢想，敢设定目标，然后才有可能实现。后来我和欧阳修先生果然有了奇妙的师生缘分，还一起成了史上有名的“唐宋八大家”，这是不是就是我当时那个小念头的回响呢？

2 寿昌书院，立下科举志

勤学苦练又心直口快的我

天庆道观书院的学业是以启蒙为主的。三年之后，它已不能再满足我的需求，母亲把我带回了家，自己带着我们在南轩读书。父亲那时候出门宦游去了，他回来后，又张罗我进了城西的寿昌书院。这相当于上中学了，是为科举考试——我们那个时代的高考做准备的。

饱读诗书、精通文史的学者刘微之，成了我和子由的先生。他很有师者的威严，长相严肃，总是皱着眉头，对学生的要求很高。学堂里几个调皮的同学，看见他的青袍子远远地从回廊那边飘过来，就吓得端坐不动了，“之乎者也”念得煞有介事。

书院仍然以填鸭式教育为主，背书、练字是两大主课，每次背书的时候先生都要求我们背对他，因为他的讲台上放着摊开的书，怕我们偷看。其实我才不屑做这样的事呢。所以刘先生还是很喜欢我的，毕竟，不管是读书习字还是抄写经典，我都是最认真最好的。先生发下来的文章往往没有标点，我都会句读好，再端端正正地把所有的内容逐字逐句抄写一遍，甚至两遍、三遍。同学总是笑我傻，他们不知道，这可是一举多得的事情，既熟记了经史，也练习了书法，还加深了理解。一直到我长大、从政，当我向皇帝进谏或者草拟圣旨的时候，我都不需要再去翻书就能够引经据典。至于平时的写诗作文，那就更加轻而易举了。

就是在学堂里玩联句游戏，我也永远是玩得最好的那个。

前排的同学起句“庭松偃仰如醉”，第二人承“下雨凄凉似秋”，我想起上次看见先生书斋里来过一个客人，便转“有客高吟咏拥鼻”，小子由刚来上学没几天，急于加入我们，凑上来联了一句“无人共吃馒头”，整个学堂都差点儿笑翻了。幸亏是下雨天，又是课间，先生听见我们喧哗，也难得翘起胡子从窗前施施然过去了。

不过有一次我差点儿得罪了他。

先生喜欢写诗，有时会在课堂上分享他的得意之作，也有让我们学习和夸赞的意思。有一次他写了一首《鹭鸶》，拎着墨迹未干的宣纸，拉长了声调读给我们听。这标题我一听就来了兴趣，毕竟我最喜欢观察自然风物。“鹭鸟窥遥浪，寒风掠暗沙。渔人忽惊起，雪片逐风斜。”同学们都纷纷叫好，老师写的嘛，不好也好！但是我恰巧曾经很仔细地观察过鹭鸶归巢，它们白色的羽片不会随风乱飘，因为羽柄比较重嘛，所以会坠落在巢边的芦苇上，有一次我还捡到过一根，送给了不怎么出门的姐姐。于是我就不客气地站起来，还差点儿带翻了凳子。先生以为我要夸他了，换上一种带着鼓励又微微有点儿矜持的亲切笑容：“你说，你说，只管大胆地发言！”

“先生，我要给您改一下，改成‘雪片落蒹葭’！”

课堂里一时安静得针掉在地上的声音都能听到，先生愣了一下，然后他的哈哈大笑打破了这可怕的安静。他收敛起神色，对我竖起了大拇指。事后想想，再发生这样的事，我也还是会站起来的，因为我就是这样一个不吐不快的人。

先生的宽容，越发养成了我心直口快的性子，这让我后来在仕途官场上吃了不少亏，但我不悔。

我的“八面受敌读书法”

书院里有时会有同学闹矛盾打架，有一次四五个人围着一个人打，那个人跑也跑不掉，打也打不过，我在一旁看得着急，我怒从心头起，教他了个很实用的方法：揪住一个人打，不管其他人把你打成什么样，你就死死地揪住这个人，直打到他受不住说“别打了”为止，即使你仍然挨了别人的打，那也比你光挨打要划算很多！这是我读了《孙子兵法》记住的一条“我专而敌分 ”的用兵原则，就是在八面受敌时（多个方向都有敌人），应当集中优势兵力，以众击寡，各个击破。 我从中得到灵感，把这个方法用到打架上，也用在读书和研究学问上。后来还取了个名字叫“八面受敌读书法”。

读书的技巧跟打架的技巧异曲同工：不管书有多少，就逮着一本死磕，读深读透！“此虽似迂钝，而他日学成，八面受敌，与涉猎者不可同日而语也。”“八面受敌读书法”可不是像我小时候读《春秋》那样泛泛而读，而是对某一本书进行“沉浸式”阅读，就像玩游戏那样，要不断升级。当然首先选书要准，世界上的书那么多，要分辨哪些书值得这样去读。比如我的首选就是《汉书》。然后呢，读每一本书，都要带着问题去读，要想清楚你读这本书的目的是什么。你可以有许多问题，但是得集中精力各个击破，每一遍解决一个问题。 最后还要融会贯通，将知识点之间的联系抓住，全面掌握书中的内容。就以我读《汉书》为例吧，读第一遍，可以从中学习治世之道；读第二遍，可以从中学习用兵之道；读第三遍，我就去研究人物和官制等等。这些内容在我后来工作的时候都用上了。读过几遍之后，就对这本书的内容精通了。我不仅去读，还会抄，《汉书》我从天庆道观书院一直抄到寿昌书院，抄过三遍。后来在黄州，我也算是个大学问家了，还把《汉书》又抄了三遍，第一遍每段抄三个字作为标记，第二遍减少为抄两个字，第三遍只需抄一个字就行。我还可以对照这些单字，背诵出对应的段落，朋友们都佩服得五体投地。但这个读书法其实是个笨办法，需要付出大量的努力和时间，才能够有所收获。学习也是不问年龄不分早晚的。“少而好学，如日出之阳；壮而好学，如日中之光；老而好学，如炳烛之明。”一个人只要想学习，无论从什么时候开始，都可以创造属于自己的这个阶段的成就。所以在黄州的那段日子，也是我继少年时代后又一个进步特别大的人生阶段。

我对自己读书的勤奋和读书的方法很是自傲，还写了一首诗，大意是：儒家的大师孔子读过的书是用皮绳来编连的，磨断了好几次，只好换上新的皮绳重新编连。但以我看书的勤奋程度，这些皮绳根本扛不住，必须要拿犀牛皮来串。哈哈，你们说，我跟孔子谁读书比较勤奋啊？

后来，我听说我那酷爱读书的侄女婿王庠，曾发下宏愿要把天下的书都看一遍。听说之后，我就写了一封信，把自己的“八面受敌读书法”传授给了他。

3 中岩书院有个唤鱼池

我对自己的期待一直很高，我认为这是一个人的精神起点。“有笔头千字，胸中万卷，致君尧舜，此事何难？”

十七岁的时候，心高气傲的我来到了眉山青神县的中岩书院，为科举考试做最后的准备。青神就是青衣神，是古代神话里的蜀王蚕丛，喜欢穿青色的衣服，教人种桑树、养蚕宝宝。因为这里是外婆家，所以我对青神县很熟悉。书院的先生姓王名方。后来，我们从师生变成了翁婿，他看中我的人品和才华，把心爱的女儿嫁给了我。

书院附近有许多山林，都很壮观，在一座壁崖下有一个清澈碧绿的半月形池塘，池中的鱼儿很活泼，仿佛有灵性一样，你只要击掌，几声后，它们就会欢快地游过来。

有一天，先生雅兴大发，带我们来到鱼池边，说要为这个池子命名立碑。于是大家都使出浑身解数，在先生面前拼命表现。我想了想，提笔写下“唤鱼池”三个字。先生眼睛一亮，捋着胡须念了一遍：“唤鱼池！好！”

我们那时候，讲究男女七岁不同席，就是不在一起读书了，更不要说一起参加这种课外活动了。所以女孩子们都是在自己的闺阁里参与这类雅事的。我们正在说说笑笑互相品评的时候，有个仕女送来一张红纸，是先生的女儿王弗写的，打开来一看，三个秀丽的楷书字跃然纸上——唤鱼池。

场面一时……我现在回想起来，还有点儿不好意思。

不久以后，先生就请媒人来到我家，说苏家门风清正，我又是眉山的青年才俊，而且即将进京赶考，应该是前途无量，愿意把女儿嫁给我。

我记得那个姑娘，其实我们曾在书院的古松下偶遇过一回，她给我留下的第一印象就是“敏而静，惠而谦”，难免也心生欢喜。

至和元年（1054 年），我十九岁的时候，娶了王弗。

我们在一起幸福地生活了十一年，王弗后来没能和我白头偕老，在她二十七岁时，不幸生病去世了。我非常伤心，在她去世十年以后，还是常常想起她的音容笑貌，于是有了那首被后人传颂的悲伤之词《江城子·乙卯正月二十日夜记梦》。

我们因文学、因读书而结缘，在梦里松风明月，就像我和她第一次相遇时那样。

第三章

田野里的少年时光

一生中，我唯一的兄弟是子由，最好的同桌也是子由，而在子由眼中，我也是他最好的哥哥，是他学习的榜样。

1 春天在哪里呀

东风陌上惊微尘，游人初乐岁华新。
人闲正好路旁饮，麦短未怕游车轮。
城中居人厌城郭，喧阗晓出空四邻。
歌鼓惊山草木动，箪瓢散野乌鸢驯。
何人聚众称道人？遮道卖符色怒嗔：
宜蚕使汝茧如瓮，宜畜使汝羊如麇。
路人未必信此语，强为买服禳新春。
道人得钱径沽酒，醉倒自谓吾符神！

嘉祐八年（1063年）正月，我在凤翔，子由在京城照顾父亲，我看到北方新年的风俗，不由得想起了小时候家乡眉山的新年，便写下了这首《和子由踏青》和另外一首《和子由蚕市》，与子由相互唱和。

这时，童年时代在正月人日（即正月初七）出远门踏青的情景又浮现在眼前。那时学堂放假，先生和母亲布置的作业也做得差不多了，我和子由坐上牛车去郊外踏青。时间还早，石板街上晨雾蒙蒙，然而已经是牛车辘辘、市声盈耳了。城市里的人都厌倦日日居住的城郭，能有这么个名正言顺的机会去郊外野餐赏春，谁不是早早醒来？此刻刚过卯时，街上已经是车水马龙了。我眼尖地看见了书塾里的同学陈太初，他正从他家的车架上探出脑袋。我赶紧推子由看：怎么这个成绩仅次于我的学霸也在书斋里坐不住了啊？

踏青的目的地是蟆颐山，在眉山东面十几里，青青的岷江和清晰的山影很快出现在前方，天还是有点儿冷的，这个时节拿毛笔写字确实有点儿手抖，哪怕娘生了火炉也不成，但是出去玩嘛，感觉就完全不一样了。谁怕！满眼是消融的冰雪，江岸上的青草已有绿芽，远处的田里，麦苗儿沾着霜花，被早起的日头一点点洗干净了，三三两两的游人互相搀扶着，踮着脚走过木板搭建的浮桥。

听着远处传来的歌声和鼓乐声，我和子由也迫不及待了。

我俩蹦蹦跳跳地往上走，祖父急得在后面大喊："等等我，等等我……"谁耐烦等他呀。忽然前方起了小小的骚动，我俩手牵手追上去一看，呀，又是去年那个大汉，作道士打扮，但是灰色道袍皱巴巴的，还沾着油污，一点儿都不仙风道骨，手里举着一个草把，上面挂满了平安符，花花绿绿的。他往山口一站，挡掉了大半条道，拦住游人强卖，吹嘘说他的符可灵验了，可以保佑家里的蚕茧大如瓮，养的羊比麋鹿还肥大。游人不理他，他就很生气地说人没有眼光。我和子由仗着身子小、轻盈，哧溜一下从这个骗子身侧钻过去，回头却看见一向大方的祖父掏出铜板，买了这人两个符。子由见祖父"上当"，气坏了，要跑过去制止祖父，我拉住他开导道：“没人信他的鬼话，可是这不是过年嘛，大家都要开开心心的，骗你家里养出大蚕茧大肥羊，也不算特别坏啊，再说人总要有个谋生之道的。这些道理在去年陪母亲逛蚕市的时候，她讲到过。”子由站住了，但还是气得脸通红。谁让我是哥哥呀，我就得开导他。唉，惭愧的是，在成年以后，心直口快的我却常常需要比我小几岁的弟弟的开导和出手相救。

我俩举着小风车，沿着石阶斜坡来到重瞳殿，又钻进人群买了红艳艳的糖葫芦来吃，并没有进殿，而是绕过流水潺潺的老翁泉，拾级登高。哇，岷江从山顶看是这样的啊，像一根发亮的裳带，绕在眉山城外。将来，我一定会沿着这条江走出眉山，到外面的世界去……干吗呢？这个问题我得好好想想。

下山的时候快中午了，我们在山亭旁遇到一个醉汉，身形有点儿眼熟，蓬头散发地卧在路边，一棵小树挡住了他本来要滚下去的身子，他还在喃喃地喊着：“买我符呀，来买我符，我可是符神……”原来他拿了我祖父的买符钱，去换酒喝了呀！回去以后我得讲给母亲听，今天她的布帛店新年开业，没有跟我们一起出来玩，叮嘱我们回去要把见闻说给她听的。

在天各一方的异乡回想，那样无忧无虑的日子是多么美好啊！

2 眉山处处是乐园

我时与子皆儿童，狂走从人觅梨栗。
健如黄犊不可恃，隙过白驹那暇惜。
醴泉寺古垂橘柚，石头山高暗松栎。

虽然新春踏青远足的机会比较少，但是家附近，从城郊的老宅到纱縠行的店铺一条街，到处都有我的朋友。家里的园子拘不住我们，小小的纱縠行附近也很快玩腻了。虽然不能时时像新春那样坐着牛车远游，但我们还是把眉山和周边都步行游遍了。小伙伴、山川风月、草木物候，都是我的朋友。

因为乡下有祖宅和田地，城里有店铺，所以我小时候的生活范围还是挺大的。除了放牛，我还放过羊呢，饿了馋了，我们就会挖地里的大头菜吃。“我昔在田间，寒庖有珍烹。常支折脚鼎，自煮花蔓菁。”那样悠闲的时光是多么美好啊！

我们去得最多的是书院附近的醴泉寺，倒不是为了拜佛，而是寺里的果树仿佛得了神灵保佑，长得太好了。桃树、梨树、橘子树、柚子树、板栗树、柿子树……从五六月一直到秋风起，总在招惹我们。而风景也很漂亮，春天的古寺繁花，秋天的松果累累，暮鼓晨钟，也引着我们在此流连。我们还会到南城墙的石头山捡松果，到尔家川摘栗子，甚至我和子由还在自家地里学着用苦楝树嫁接果树……看来，我成为“东坡”，在黄州、惠州、儋州开荒种地，许是在童年时代就有了征兆。

实在不方便外出时，探寻和挖宝可能是所有我这样的男孩最热衷的居家游戏了。我把它叫作“凿地为戏”，有时候是堆一个小小的土墩，在上面点燃“烽火”；有时候是挖一条小沟渠，再灌上水，假装这是玻璃江，要流出眉山去，总是会有小小的收获。十二岁那年，其实我已经不太玩这类游戏了，太幼稚，但是有一天忽然兴起，又和伙伴们挖出了一块浅碧色的石头，形状有点儿像鱼，散布着星星点点的银色花纹，用其他的石头轻轻叩击，它发出了铿然的声音，好像在说：“苏轼，你好。”我爱不释手，这是一块天然的砚石啊，虽然凹陷不够大，不能盛很多水，但我还是把它擦得干干净净，放在书桌上，用它做了自己的砚台。父亲帮我把凹陷处刻得更深一些，方便磨墨，他让我好好保存，说挖到砚台可是个好兆头，说不定我就是文曲星下凡呢！

我就是用这块砚台，用不同的书体，把《汉书》抄了三遍。其他的书更是没少抄。因为经常被先生同学夸字写得好，我还是挺得意的。有一回下了课到郊区去远足，我一时兴起，在一块山崖上用竹枝扫帚大书了三个字——连鳌山，写完以后同伴都拍手叫好，尤其是小同学子由，小眼睛里闪耀着对我崇拜的光！

连鳌山

我自己也感觉酣畅淋漓，谁说字只能写在纸上？也可以写在天地间，与大自然融为一体嘛！尽管我后来书写的《黄州寒食帖》被称为“天下第三行书”，但我自己还是最喜欢这少年时的墨迹，这里面有未被摧折过的意气风发。

3 我的弟弟是子由

一生中，我唯一的兄弟是子由，最好的同桌也是子由，而在子由眼中，我也是他最好的哥哥，是他学习的榜样。

父亲帮我俩取的名和字，也是紧紧连在一起的。

那是我十多岁的时候，父亲给我取了名“轼”，轼是马车、牛车前做扶手用的横木，也是车子最重要的组成部分，可见他对我这个长子寄予了厚望，希望我迎风扶轼，高瞻远瞩，所以又取字子瞻。小我三四岁的弟弟，名依然跟车子有关——辙，辙是车轮行过路面留下的痕迹，字子由，这是父亲希望弟弟能沿着远行车轮的印迹多回头看，不要忘记自己的所来之处。这两个名字饱含着父亲的期望，他希望我们走出去，有诗和远方。但是也不幸地暗示了我俩将拥有漂泊的一生，永远走在贬谪和上任的路上。不过还好，一路相伴的总有日月山川、星辰大海、风花雪月和至死不变的兄弟情。

在眉山读书时，我用的是自己捡来的石砚，子由用的是我送他的一块瓦砚。那是有一次去成都玩，青羊宫的道长看我聪明伶俐送给我的。我回来后转赠给了子由，一来是因为我挖到那块石砚时他在一旁，眼睛亮了一下，但是我没舍得送给他；二来是希望他也能像我一样，用好砚台写出好文章，不要再“无人共吃馒头”了。

实际上子由也是非常有才华的，但是他不像我那么好表现，他内向又比我年纪小，所以他的光芒真的被我遮挡了不少。

我们是亲兄弟，长得也挺相似，都是瘦高的个子，细长的眼睛。不过性格却非常不一样，我是很喜欢说话的，子由因为小时候生过肺病更瘦些，说话做事都比我沉稳、文静。

一生中童年和青少年时期的共同成长经历，让我们不知道写了多少同题的诗文。踏入社会以后的长长短短的分别，也总是让我们互相牵挂。患难的时候，我们相互帮助；无法见面的时候，我们甚至可以在梦中相见。我有时翻翻自己的诗集，“寄子由”的可真多呀！世人对我有不同的评价，但那个最真实的我，在政治风雨的打击下瑟瑟发抖的我，只有子由知道。不管我们离得多远，总是在精神上互相拥抱。可以说，子由是我精神上最宝贵的财富和寄托。

而这种友爱，也得益于母亲从小对我们的教育。

我们两个人非常友爱，但是天赋气质是完全不同的。子由没有我那么锋芒毕露，也没有我那么任性；不如我有很多浪漫的想法，却有远超于我的为人处世能力，非常踏实靠谱。虽然我们政见相同，但是在处理事情，尤其是应对政敌时，子由却要比我冷静和机智，常会适当地给我一些忠告和规劝。正因为这样，他最后的官位也比我高，甚至在很多时候，反过来照拂了我。说得直白些，他一直在任劳任怨甚至不要命地“捞我”，救我于各种磨难当中。

我和子由的故事，贯穿在我们一生的点点滴滴中，是用多少笔墨也写不完的。

第四章

春风带来喜讯，也带走了母亲

欧阳修就这样在试卷上正式认识了我——苏轼，而不是之前“苏洵的儿子”了。

1 出眉山，跃龙门

让故事回到我新婚不久的时候。

那时候，我已经满了二十岁，即及冠。这几年里，我读了很多书，也写了很多文章，经论、史论、策论……分门别类装满了书箱。子由虽然比我小，但也同样勤奋。

我们从小就志趣相投，共同的目标就是走出眉山，考中进士，报效国家。

要想实现这个目标得经历三关：州府的解试——尚书省礼部的省试——皇帝主考的殿试。殿试结束后会把几百个通过省试的考生按名次分成五个等级。第一、二、三等叫作“进士及第”（其中第一等的第一、二、三名当然就是状元、榜眼和探花了），第四等是“进士出身”，第五等是“同进士出身”，随后考生将按照成绩获得不同的官职。

嘉祐元年（1056 年），父亲带着我们辞别了母亲和家人，前往汴京参加第一关的考试。留在眉山的一家子，就成了母亲一个人的重担。我们没有参加本地的解试，而是不远千里去汴京参加“异地高考”，因为京城的录取名额要比其他州府多几倍甚至十几倍，希望更大一些。更何况京城消息更灵通，我们可以就近了解考官对经述、文章的喜好，有针对性地备考。

对了，去年弟弟也结婚了。我们都和自己的新婚妻子依依惜别，一路出阆中，穿越剑门关，走过曲折陡峭、高悬天际的褒斜谷古栈道，翻越连绵不绝的秦岭，进入关中。经过两个多月的长途跋涉，第一次离开眉山的我和弟弟虽然疲惫，却对未来充满了憧憬。

我们的行囊里，有一封益州（治所在今成都）知府、大才子张方平写的推荐信。出发去京城前，父亲先带着我和子由前去成都拜访了他。我恭敬地送上了自己的文章，当然，都是我的得意之作，这些文章一下子就让我越过父亲和他成了以文会友的忘年交。他称赞我是个麒麟少年，希望我能成为国家的栋梁之材。虽然他和当时的文坛领袖欧阳修私人关系不好，但还是非常爽快地向他推荐了我们父子三人。因为他深知欧阳修是个爱惜人才的人。

对了，父亲老苏之所以和我们一起去汴京（今开封），除了继续督促我们学习外，也有他自己的人生计划。他自从二十七岁发奋苦读，虽然科考失败两三次，但是满腹才华还是得到了不少官员的赏识，他想通过推荐的门路入朝为官。

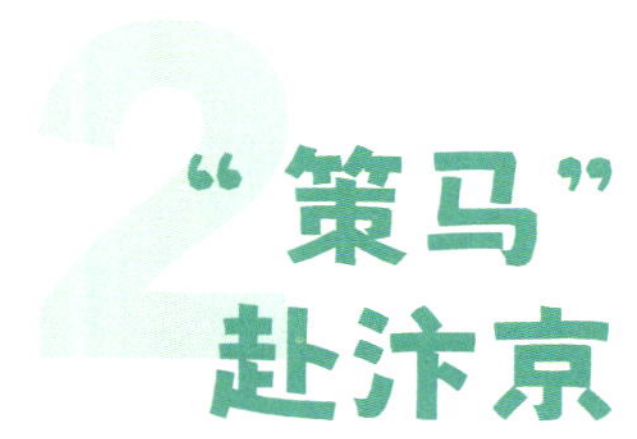

“策马”赴汴京

出了关中之后，我们总算走到了平整的官道上，沿途每隔几十里就有驿站。因为一直要操心住宿、吃饭和照看行李，一路上，我们父子三人很少游览和写作，只是兴致勃勃地看看别的诗人题在驿站板壁上的题壁诗。题壁诗是我们大宋很盛行的一种文化，我还记得小时候和子由在经过一个乡村小院时，看到白粉的墙壁上题着两句诗：“夜凉疑有雨，院静似无僧。”这是我们第一次看见题壁诗，我们两个停下来念了好几遍，其中的意境对十来岁的孩子来说，有点儿难以理解。但是很多年后，我被贬谪到黄州，晚上寄住在一间寺庙时，满院寂静，只有树叶落在瓦上的声音，到了半夜，还下起了小雨。那天晚上，童年时代院墙上的那两句诗，忽然又浮现了出来。

宋仁宗时期是一个充满文化气息的时代，这些见闻都烙印在了我的成长里。

旅途中每天晚上安顿下来，我和子由会迅速打开书卷，背诵和复习考试内容。主要是准备长篇的赋、策、论，而没有花时间在诗歌写作练习上。为什么呢？因为格律、对仗这些应试的内容，我们觉得并不难，而且我们那时候也没那么喜欢写诗，有写诗的时间，不如睡一觉做做梦。对，我非常喜欢做梦，经常会梦见自己平时去不了的地方、做不了的事、见不到的人。在路过华清池的时候，我还梦见了杨贵妃，她穿着美丽的裙子在宫殿里款款而行，然后唐明皇就命我为她写诗，在梦里我还确实写了一首，一醒过来，就赶紧记了下来。

五月的时候，我们终于风尘仆仆地赶到了汴京，百尺宽的护城河围绕着高大的城墙，两岸种着榆树、杨柳。这里是宋朝的经济中心，也是文化最发达的地方。有四条河自西向东，从城中流过，其中泊满了粮船的那条就是汴河。河上有一道道雕花的木桥。诗文里的宫阙楼台、宝马香车夹着微凉的雨丝，扑面而来。进了城，正是阴雨天，跟着前来接应的亲戚，穿过大街，踩着泥水穿街走巷，家家户户院子里探出来的石榴花枝，红艳艳，湿漉漉，我远远眺望着皇宫的琉璃瓦殿顶，心想，赶个考可真不容易啊。我一定要在这里闯出一方天地来！

汴京，我，苏轼，来了！

我们落脚在城西南太平兴国寺的一处小院中，叫浴室院，这是兴国寺为离家远行的人提供住宿的普通僧舍。闹中取静，向东北过三四条街坊就是皇宫，尚书省、御史台这些我将来都会很熟悉的官衙，也分布在附近。我们的左邻右舍，也都是租住在这里等待考试的文士。幽静的寺院里，不仅飘荡着暮鼓晨钟、袅袅香火，也弥漫着淡淡墨香、琅琅书声。我们要在桂花飘香的八月，参加开封府的初试。

相信大家都经历过复习赶考的日子，每天闷在书桌前读书，到了饭点就吃饭，夜深了就睡觉。我有时感到无聊，就会跑到佛殿去欣赏墙上的壁画，欣赏画家的高超技艺，这大约是在天庆道观书院读书时养成的习惯。天晴时，也会和子由出去散散步。汴京的街坊没有围墙，住宅、店铺、作坊混杂着，每条街都很热闹。离兴国寺不远的地方还有夜市，吃腻了斋饭，我们会到这里来品尝鳝鱼包子、鸡杂碎等各种小吃，有一次还买到了我们四川的一种糖，叫作乳糖狮子。

老苏也算是我们眉山著名的科考失败者了，他这次当然也不是空手来赶考的，而是带着自己的几十篇文章去拜访了欧阳修。老苏不仅得到了这位文坛领袖的盛赞，甚至还把他的文章上呈给了皇帝，一时间在京城的士大夫圈子里有了些名声。偶尔，我们也会陪着老苏去参加一些这样的会面，增加见识。

3 人生考场初亮相

八月初八那天，老苏千叮咛万嘱咐地把我和子由送到景德寺门口，明天我们就要参加人生第一次改变命运的选拔了。没错，秋闱就在开封最大的庙宇里。从四面八方赶来的考生坐满了整个庙堂，有人目光呆滞，有人嘴里念念有词，有人边寻摸自己的考棚边看笔记，有人在求神佛保佑。这些都属于考前综合征吧，胸有成竹的我感到有点儿好笑。

我和弟弟抽到的号不在一起，彼此给了个必胜的眼神就分开了。

考官们比我们更早进入考场，初六日就入闱了，进入考场后不允进出，他们分为内外帘官。开考前，考官们还会举行一个入帘上马宴，然后内帘官进入后堂内帘的宿舍，监试官封门，内外帘官不相往来，内帘官除批阅试卷外不能参与其他事。考生就没什么“宴”了，需要自带干粮、铺盖，你想带个小炉子热热饭菜也行。

我把家人为我精心准备的干粮拿出来，环顾了一下属于我的考试房间——真是太狭窄了，只有上下两块长条木板，上面的木板当作写答卷的桌子，下面的木板当椅子，晚上睡觉则将两块木板一拼当床。这几天吃喝拉撒就全在这里了。科考在当时不仅是我们考生的大事，也是朝廷的大事，管理非常严格，开考后每一间教室都会上锁，其间无论发生什么事，即便是发生火灾，考生也不能开门。我安慰自己，不会这么倒霉的，不会这么倒霉的，然后稍作收拾，就闭上眼睛，回忆平时练习的策论题，准备迎接接下来的大战。

考试开始了，考场里考官们和侍卫们威严地巡视着，毛笔落在宣纸上的声音细不可闻。我越考脑子越兴奋，但是身体却越来越疲倦。我惦记着不知道子由怎么样了，他带去的牛肉饼有没有馊，他身体比我差，可能会吃不消吧。

结束后，大群人拖着软绵绵的步伐，穿着臭烘烘的多日未洗的袍子，挽着考篮出了考场大门。老苏早已在门口望眼欲穿。我一上车就瘫倒在座位上，有什么话，让我饱餐一顿大睡三天后再问吧！

没有什么悬念，凭我们在眉山书院打下的经义基础，我们兄弟俩又都名列前茅地通过了，要准备更重要的尚书省礼部组织的进士考试了。

除了复习备考，我们也更频繁地跟着交游甚广的父亲出入文人名士中。或听他们高谈阔论，或听他们指点我们做文章，我们如饥似渴地在更广阔的世界里，抓住一切机会去见识、成长。

最让我兴奋的，是我们终于得以面谒了小时候在天庆道观书院天天听到的欧阳修。他皮肤白白的，耳朵大大的，喜欢大笑，非常和蔼可亲，让人看不出来这个人是个大官——礼部侍郎。当然让我高山仰止的，不是他的官位，而是他的文名。

欧阳修之前就读了一些我父亲的论著，如《权书》《机策》等，很欣赏父亲文论中充实的内容、真挚的感情和质朴的语言，因此就先入为主地相信“虎父无犬子”。我们兄弟俩因为要参加考试，而据说他正是礼部考试的主考官，出于避嫌，我们并没有把自己的文章呈给他指正。但我们还是用心地把自己最好的一面展现了出来，毕竟在当时，你若想要出人头地，赢得文坛领袖的好印象至关重要。

4 一步之遥的遗憾

嘉祐二年（1057 年）的礼部考试开始了。皇帝钦点的“主考军团”除了欧阳修，还有梅尧臣、范镇等朝廷里的风云人物，都是多年前通过科举考试的学霸，也是当代的文坛领袖。我们进士科考试总共四场：第一场考经义两道；第二场考律赋一首、律诗一首；第三场写一篇策论，就是时事论文；第四场为子、史、时务策三道。还好成绩是以四场总分来定名次，我松了一口气，因为我的诗真的写得不怎么样。

考完以后，考官们会被关在里面阅卷一个多月，后来我也在杭州做过一次主考官，所以很清楚里面的流程。为了避免作弊，先要让人把所有试卷用统一笔迹誊抄一遍，隐去姓名，再送给考官批阅，这需要挺长的一段时间。欧阳修后来在他的《归田录》里提到他和其他五个阅卷老师每天等试卷、作诗、讲笑话、聊八卦的情景，真是太开心了。真是，我们考生忐忑不安地等待着命运的宣判，“命运”们却如此纵情放松。

不过，考官们玩乐归玩乐，对待考生们的试卷还是非常认真的，他们尤其重视策论，因为通过文章可以观察到我们的志向、谋略和政见。简而言之，就是判断我们适不适合担任官员，能不能用自己的才智为国家做贡献。而诗赋呢，是考我们的学问。说实话，当时我对我的诗赋是不太有信心的，毕竟我为了走出眉山，太重视应试教育了，所以策论才是我的强项！

我拿到的考题是《刑赏忠厚之至论》，这个题目让我很激动，让一群二十来岁的年轻人讨论国家的法律制度，是对我们多大的信任啊！我洋洋洒洒写了六百多字，首先定下“以仁治国”的主题——这是我从小在眉山读书时，就和先生、父亲讨论过的见解，再加上有理有据的论述、洒脱新颖的文风，我一气呵成地写完了，然后有一种非常良好的自我感觉。

果然，我的得意之作让考官们眼前一亮。被梅尧臣大呼小叫地从一堆策论中拎了出来，大呼：“天才之作啊，天才之作！”

他真是我的知己！大家都围过来。

这个捻须微笑：“博古论今，文风雄健！好！”

那个喝了一口茶，品味地说：“思辨！明澈！精练！”

但是，这名考生是谁谁也不知道，毕竟当时考卷上的名字都是密封的。

欧阳修正打算提笔把这张试卷的主人——我苏轼——列为第一的时候，他老人家忽然犹豫了：“这么有才，这么有见地，不会是我的亲学生、大学霸曾巩吧？如果我把自己的学生评为第一，会不会被人说我舞弊？我要不要避嫌？”

于是有点儿迂腐的主考官，硬生生把我的第一名变成了第二名！

欧阳修就这样在试卷上正式认识了我——苏轼，而不是之前的“苏洵的儿子”了。后来拆封试卷，发现竟不是他的学生，而是一个四川来的举子。据说欧阳修捶胸顿足，连夜去见了仁宗皇帝，再三强调自己最欣赏的不是第一名，而是第二名！他说这个人对国家法政的见解了不得啊，将来一定是个宰相之才！

欧阳修在当时的名声可以说是如日中天，他对我的一次次夸赞，使我这个年轻人几乎名满天下。如果说我是一匹千里马，欧阳修先生就是我的伯乐！

在接下来的礼部复试中，我行云流水地回答了考官关于《春秋》这本经典的所有问题，最终获得了第一名！

我再次晋级，来到了我们北宋科举的最后一关：金殿御试。几百名省试入选者穿着簇新的袍子，排好队，一起拜见皇帝，随后按顺序落座在大殿两侧的考位上。笔墨纸砚早已为我们准备好，我们需要在一天之内完成诗、赋、论各一篇。我到现在都记得很清楚，诗题是“鸾刀”，赋题是“民监”，论题是“重申巽命”，巽命就是皇帝的诏令。崇政殿的金光亮闪闪地照在我的书桌上，我奋笔疾书的时候，偷偷瞄了一眼上方，在龙椅上坐着的是全国最大的主考官仁宗皇帝，他身上的龙袍金光闪闪。

他大笔一挥，决定了一群年轻知识分子的前程——这次殿试被后人称为“千年科举第一榜”，因为这次考试，我、苏辙，还有后世有名的曾巩、程颢、张载、章惇都同时考中进士。我是排名很靠前的进士，子由也不赖，是进士出身。

一时间，我们寓居的小院门庭若市。老苏感慨万千，赋诗一首：“莫道登科易，老夫如登天。莫道登科难，小儿如拾芥。”他的意思是：哈哈，不要以为科举成功很容易，我参加科举考试的时候，想要成功那可是难如登天。但也不要说科举考试很难，对我的那两个儿子来说，那简直就像是弯腰捡东西一样容易。老爹的心情真是酸酸甜甜呀！

5 母亲没等到我的好消息

在中国古代，士子们金榜题名之后，都要感谢考官的知遇之恩。我也再次拜访了欧阳修。梅尧臣正好也在他那里，更巧的是，他们都对我那篇策论念念不忘。梅尧臣问我："你的文章里有一句'皋陶曰杀之，三。尧曰宥之，三'——说这个人犯罪了，司法官皋陶三次想杀他，但三次都被尧帝宽赦……这个典故，我竟然没有听说过！"

我愣了一下，心想这梅先生还真较真，然后坦然一笑："想当然耳！我编出来的。"

梅先生当场惊掉了下巴，欧阳先生倒是淡然地"哦"了一声。

随后，我就给两位先生解释了一番：从前我读到过《三国志·孔融传》，曹操在灭掉袁绍之后，把袁绍的儿媳妇赏给了自己的儿子曹丕。孔融觉得不好，劝诫说当年周代的时候，武王讨伐纣王，把纣王的宠妃赏给周公，惹来非议。曹操就问这个典故出自哪本书，孔融回答说"以古推今，想当然耳"。所以我想，我们宋朝的明君，也一定会和古时候的尧帝一样仁德。

两位好老师听后没有生气，没觉得我胡编乱造，反而夸赞我善读书、善用书，后生可畏。

确实，只要能让读文章的人信服我的观点，我一向是主张灵活用典的。

后来，欧阳修不仅把我的文章推荐给他的儿子看，还不遗余力地在各种场合提携我，把我引荐给他所有的朝中好友——宰相文彦博、富弼，枢密使韩琦……我暗暗下定决心，不管是为官还是做人，我以后必不能让这位人人敬仰的文学宗师失望！

但我深感遗憾的是，我小时在天庆道观书院那首长诗里看到的第一个当世大文豪范仲淹已经不在人世了。我常常回味十五年前在他的文章中读到的“先天下之忧而忧，后天下之乐而乐”，其中蕴含的精神整整激励了我一生。

至于另一个老师梅尧臣，其实他是父亲老苏的朋友，他们二人相识的时候，我和子由还是小娃娃，我们两个都尊称他梅二丈。跟欧阳修相比，他的长相更俊秀，个子高高的，眉毛英挺，方头大耳，特别是巨大的酒量让人拍案叫绝——喝了一百杯之后，当然是特别小的酒盅，他就会忽然不说话，端端正正坐着，这就说明他醉了。这位写过名句“落尽梨花春又了，满地残阳，翠色和烟老”的长辈，还专门写了一首诗夸我和子由：“日月不知老，家有雏凤皇。百鸟戢羽翼，不敢言文章。去为仲尼叹，出为盛时祥。”

我们那个时代，行路不便，书信缓慢，所以我和子由高中之后，当即就写信回家向母亲报喜。我们猜想她一定会非常开心，然而漫长的等待之后，我们收到的来自眉山的消息却是一个噩耗：我们的母亲病逝了！

我眼前一黑，巨大的悲痛和不可置信像巨浪般席卷过来，母亲才四十八岁！她病逝的时间，正是我和子由，她的儿子们金榜题名的日子：四月初八！

我和子由抱头痛哭，我们没有妈妈了。

6 当母亲离去，我的时间静止了

考中进士的喜悦荡然无存。我们父子三人红肿着眼睛，匆匆收拾了行李，就从京城赶回故乡。

母亲生前如此操劳，小时候父亲不在家，她一个人默默地操持着家里的大小事务，还要担负教育我们的责任，青灯伴读是常有的事情。而离世时，却一个至亲都不在身边。

一路上披星戴月，再也没有一年前赶考时的那种阳光灿烂，只觉得草木含悲，风在呜咽。等沿着玻璃江一路赶回到老宅时，一别两年的家门口，树木依然浓绿成荫，鸟雀啾然，原来即使茂盛也会带来凄凉的感觉。那曾经由母亲带着仆人打理得井井有条的家，不复旧时模样，房屋破漏，篱笆萧疏，门牖倾颓。母亲温暖的声音、柔和的面容如在眼前，可是她已经再也不能回答我们的声声呼唤了。

我们为母亲选的墓地在武阳县安镇的山下，那里曾是父亲读书的地方。山分成左右两峰，中间偏右的坡上有一脉清澈的老翁泉，这也是父亲自号“老泉”的由来。父亲在母亲的墓地旁又凿出一个墓室，叮嘱我们，等他去世后，也要安葬在这里。

我们在坟墓周围种了许多松树。愿这些常青之树，永远守护我们长眠的母亲。

我们北宋有一个礼法制度：官员或新科进士如若父母去世，必须停下手头一切工作，回故乡守制二十七个月，这叫丁忧。我们父子三人，在人生辉煌的起点转身，又回到了眉山。丁忧的这两年多，是我因母亲的离去而得来的闲静时光，它给我后来风云变幻的人生再一次注入了能量。除了思念母亲和继续读书，我也有了一段闲暇时间，去从容而放松地思考各种各样的问题，去探索我自己、了解我自己——除了会读书、会考试，我还是一个怎样的人。

回想起来，它和童年时光一样弥足珍贵。一个人最好的财富，永远是故乡和母亲给予的。

我能渐渐走出丧母的悲痛，还要感谢妻子王弗和她的三十多个堂兄弟姐妹。他们会经常邀请我一起到青神的寺庙、道观、山上游玩。王弗有个亲戚擅长酿酒，我们有时候会舀一些家酿到江边，就着晚风、星空、农家的炒蚕豆，谈天说地。那种生活和人情的气息，后来在颠沛流离的风雨路上，常常叫我怀念不已。

没有了母亲的家空荡荡的，唯有读书可以解忧。老苏开始注解《诗经》，而我和弟弟总结了科考的成败得失，开始广泛阅读各种诗文，尤其是五言诗。童年时我发现庄子能说出我想说的故事，青年时我发现陶渊明写出了我最想写的诗句，我立刻将他奉为第一偶像。而李白、杜甫、白居易、刘禹锡的诗歌也值得欣赏和学习。前代有太多伟大的文人，我也想成为我这个时代了不起的人。

第五章

把故乡收进行囊，向更远的光走去

多年苦读，功夫不负有心人，我和弟弟考出了预想中的好成绩。刚刚升为副宰相的欧阳修比我们还要兴奋，连连说兄弟俩双双并中，是宋朝从未有过的盛事啊！

1 英雄的故事，永远没有终章

嘉祐四年（1059 年）的秋天，我们守孝期满，最后一次为母亲的坟头清除了杂草，撒下她喜欢的凤仙花种子，就随着父亲，带着妻儿，再次进京了。是的，父亲接到了朝廷诏命，大宋王朝也正等着我和子由这两个进士去出力。我们再一次告别了故乡，告别了母亲。重新整修好的院落，再一次变得空空荡荡。

因为不赶时间，人口又多，我的大儿子苏迈出生了，连儿子的乳母也一起去了，我们的行程就以水路为主——在古嘉州（四川乐山）的渡口，登上早已租赁好的木船，沿着嘉陵江一路顺流而下，进入长江三峡之后，再从江陵换了马车北上进京。

第二次离开故乡的心境和几年前初出茅庐的时候大不一样了。当时我和子由踌躇满志，认为扩大生活天地是人生的一件大事，要像石溪上的鲤鱼那样，超越小溪，奋然跃往大江大海。但这次让我们激动的不再是功成名就，而是可以有机会用自己的所学造福当世，毕竟，我们已经是进士了。从前，父亲、母亲，还有伯父，经常跟我们讲“立德、立功、立言”，这儒家的古训深深地烙印在我的心里。前路漫漫，有伟大的功业，在等着年轻人去建立。

带着我去往大江大海的船随着奔腾的江流行过乐山，江风鼓起我的长衫，岷江东岸嘉州凌云寺那尊著名的乐山大佛撞入我的眼帘。这是工匠就着江边悬崖峭壁雕刻而成的弥勒佛像，刚刚大规模维修过，重塑了金身，彩绘了服饰，远远望去，阳光里的佛身金碧辉煌。佛像脚下就是岷江、大渡河和青衣江的交汇点，滔滔的江水奔流着。我站在船头，仰望着大佛，身后是渐渐消失不见的眉山小城和青少年时光，淡淡的离愁中涌动着对未来的激情，我忍不住吟诵了一首《初发嘉州》：

朝发鼓阗阗，西风猎画旃。

故乡飘已远，往意浩无边。

锦水细不见，蛮江清更鲜。

奔腾过佛脚，旷荡造平川。

野市有禅客，钓台寻暮烟。

相期定先到，久立水溅溅。

大家一定看出来了，这个时候我虽然已经二十四岁了，但实际上诗写得并不是特别好，就是看见什么写什么。然而崭新、宽阔的道路已经在前面展开，我有的是时间把自己变得更好，把世界变得更好。

而我流传下来的第一首七言律诗《郭纶》和《初发嘉州》是同时写的，写的还是一个人：

河西猛士无人识，日暮津亭阅过船。

路人但觉骢马瘦，不知铁槊大如椽。

因言西方久不战，截发愿作万骑先。

我当凭轼与寓目，看君飞矢集蛮毡。

落日苍茫的渡口，我一抬眼，就看到了那个传奇人物郭纶在江边逆光而坐，呆呆地看着过往的船只。他曾经是一个异族的弓箭手，我早知道他在这里工作，也见过他的画像，于是就和子由上前与他相见。这位从前的英雄，在河西一带无人不知。野心勃勃的西夏皇帝李元昊曾经向大宋发动多次大规模的军事进攻，尤其是定川寨一战，非常惨烈，当西夏军队从地平线压过来时，郭纶却迎着敌军的方向冲杀去。但这个勇猛的战士，却没有被朝廷重用，因为在宋仁宗庆历四年（1044 年），宋朝和西夏议和了。大宋答应每年给西夏银七万二千两，绢十五万三千匹，茶叶三万斤，叫作“岁赐”，想想都觉得屈辱。战争因此结束了，英雄当然也失去了价值。郭纶骑着他的青白马流落到四川，在嘉州谋了一个监税的临时职位糊口。

我没有想到在远行之际，竟见到了郭纶。看着他落寞不开心的样子，我用李白的诗“天生我材必有用”鼓励他，其实心中有更多的感慨，都无法在诗中表达出来。而子由则写了一首十倍于我的长诗，赞叹这位萍水相逢的壮士。与他拱手告别后，我们俩久久相对无言。

2 边走边学，且行且诗

我们的梦想之舟挂着云帆，一路向南，顺流而下，每天行船四五十里，壮丽的三峡风光像画卷一样在两岸打开，但实际上这段水路险象环生，到处都是激流、险滩、旋涡，连名字都是那么可怕——怒吼滩、人鲊瓮……美和危险果然总是同时存在。我在惊魂动魄中诗兴大发："入峡初无路，连山忽似龛……风过如呼吸，云生似吐含。"

屈原塔、神女庙、昭君村、望夫台、严颜碑……遇到著名的景点，我们都会停下来游览一番，既欣赏了名山大川，了解了风土人情，瞻仰了先贤遗迹，又喝到了村民自酿的土酒，品尝了黄鱼、野雁肉等各种美食，真是非常快活。我们父子三人"杂然有触于中"，而发于咏叹，因为没有了赶考的压力，我们写下了一百多首诗，其中有很多是互相唱和的，就是你写一首，我跟着你的韵也写一首。在唱和的时候，要用一样的韵和一样的字，所以这是提高诗歌写作技巧的好方法。

行船虽然不能"脚踏实地"，但是也别有味道。在江上看山，山就像马群一样，一瞬间就过去了数百群。顺流而下时，有时候想和岸边的人打个招呼，手刚举起来，船就像飞鸟一样带着我远去了。

经过巫山庙的时候，我看见一大群一大群黑色的鸢鸟盘旋在附近，还有几只落到了我们的船头找吃的，船家也不驱赶。原来，当地人把这种鸟视为神灵的使者，对它们很是敬畏。我赶紧提笔记下来："群飞来去噪行人，得食无忧便可驯。江上饥乌无足怪，野鹰何事亦频频。"……就给你们看吧，我那时的诗真的写得不是句句都好，就是用来当作日记而已。但是鸟儿很好玩，我们学着其他乘客，把饼撕成小块抛到空中，鸟儿们蜂拥着俯冲下来，总有一只会稳稳地衔住，百无一失。

越走秋越深，有一天还飘起了雪花，北风吹寒江，来自两山口，飞云满岩谷，舞雪穿窗牖，把我们冻得"缩颈夜眠如冻龟"。父亲命人做了几盘精致的小菜，我们三人就着暖暖的炉火在船舱里饮酒赏雪。如此良辰美景，自然不可无诗。子由提议学"欧阳体《江上值雪》诗"，按照欧阳修写的一首《雪》为限制，提出咏雪不得用盐、玉、鹤、鹭、絮、蝶、飞舞之类的描写，并且更进一步，不准用"皓、白、洁、素"等可以形容雪的词。

我们非常喜欢玩这种烧脑的诗歌游戏。我沉吟一番，写出了《江上值雪，效欧阳体，限不以盐玉鹤鹭絮蝶飞舞之类为比，仍不使皓白洁素等字》，其中"青山有似少年子，一夕变尽沧浪髭"的妙句，子由和父亲看了都拍案叫绝，我自己也颇感得意。

船上的物资不是那么充足，我们经常会停泊在一些集市附近进行补给。有一次闲逛的时候，我看到几个少数民族的妇女在卖土布，土布上织染着各种各样的图案，有一块放在竹篓子最上面的布竟然还织了几句诗："摧花自作花，旋积旋已失。上天施命令，冬春不相匹。生物与死物，其道安可壹。呜呼此飞雪，何为在今日。"我赶紧招手喊子由来看，这不是梅尧臣的《春雪》吗？没想到穷乡僻壤之地也有这等风流雅事，我们把布买了下来，后来送给了欧阳修。这比毛笔传抄或者雕版印刷的更有意思。

路上，我们又继续游览了襄阳，拜访了诸葛亮隆中，喝了汉水酿的美酒，重要的是，写诗也越来越得心应手，各种风物都可以入诗了，《竹叶酒》《鳊鱼》《夜行观星》等诗作相继写出。诗、酒、美食，永远是旅途中最重要的三宝。每到一个名胜古迹，或者停泊之地，我们都会有感而发，或者想到这段三峡也是李白、杜甫走过的，于是《入峡》《巫山》《新滩阻风》等诗篇也陆续诞生，灵感蜂拥而至。

我们还写了许多同题诗，比如《夜泊牛口》，渔民贫寒的吃食、简陋的衣着触动了我们，我想到的是"富贵耀吾前，贫贱独难守"，觉得此去为官，可能还不如做个渔民自在。子由就比我有社会意识，他想到城市居民生活和渔民生活的差距，不禁为生活困顿的人发出叹息。

进士和考生的心境也是不一样的，一路上我和子由更关注民生了。我们一路上写了近百首诗歌，记录民情风俗，以诗会友，对于孔子说的"诗，可以兴，可以观，可以群，可以怨"，也终于有了切实的体会和理解。但是这时候，我还没有想到，我今后最重要的一个身份会是诗人。

在初冬的寒风中，我们风尘仆仆地来到了江陵。江陵也叫荆州，我们停在这里休整、过年，每天游览当地的风土人情，我又写了《荆州十首》等诗歌。之后骑马乘车，改成走陆路继续北上。

我们的第一本旅游文学合集《南行（前）集》也定稿了，我撰写了集叙。约定下一本合集，由子由来写叙（因避祖父名讳，所以我们父子写序，都作叙或引）。边走边写，用诗文作日记，是锻炼自己的好方法。这部诗集，可以说是我们父子三人的旅行笔记，也是我和子由的诗歌创作练习。

两个多月，我们大概走了一千六百多里的水路，经过了几十个郡县。一路所见，处处让我惊叹。所以我们写了那么多诗歌，真是“不得不然”，沿途各种风俗、文化、人物，都触动着我们，使我们不得不发出感叹和赞美。可能这也是写好文章的诀窍之一吧。

3 诗书不负少年志

嘉祐五年（1060 年）的春天，我们历经半年的旅行，终于再次回到了京城。我们在西岗租了一栋房子，门外种植着高大的柳树和槐树，隔开了世俗的喧嚣，等候朝廷的任命。父亲经欧阳修等人的举荐，被授予校书郎的职位，后来还直接让他为本朝的皇帝写传记。说实话当时我们父子三人，文名远播，成了京城文坛的一个小小传奇，我也感觉略微有点儿飘了，还好我的妻子总是对我说，要低调一点儿，低调一点儿。

但也有人是不欣赏我的，比如王安石，这个大文人当时在翰林院工作，很不喜欢我文章里的那种“策士气息”，还对人说如果他是考官，就不会录取我。

因为对朝廷一开始授予我们的九品官职不满意，我和子由又在欧阳修的建议下，开始复习备考，探讨诗文，研究时局，准备参加制科考试。这是由皇帝亲自主持的考试，能让我们获得更合心意的职位来施展自己的才华。

为了专心备考，我们兄弟俩搬到了怀远驿中，专心读书。怀远驿是京城的四大驿馆之一，相当于后世的青年旅社吧。那段日子很是清苦，我曾和朋友刘贡父吐槽，说我与弟弟复习制科太辛苦了——“日享三白，食之甚美，不复信世间有八珍也。”三白是什么呢？一撮盐，一碟生的白萝卜，一碗白饭。刘贡父是个爱开玩笑的人，过了几天，他忽然邀请我去他家吃“皛饭”，我想他是个文化人，他的皛饭一定有点儿意思。我兴冲冲地赴约，结果他家餐桌上竟然也是一撮盐、一碟生的白萝卜、一碗白饭！我们边吃边笑，笑得米饭都喷出来了。

为了这次制科考试，我和子由各自准备了五十多篇文章交上去，再加上优异的笔试成绩，我们获得了面见皇帝参加最后角逐的机会。

多年苦读，功夫不负有心人，我和弟弟考出了预想中的好成绩。刚刚升为副宰相的欧阳修比我们还要兴奋，连连说兄弟俩双双并中，是宋朝从来未有过的盛事啊！而仁宗皇帝也面带喜色地回到了皇宫。皇后问他怎么了，他高兴地说：“我今天为子孙得了两个太平宰相！”这位皇后，就是后来给了我很多帮助和赏赐的高太后。

这次回到汴京，为了方便父亲老苏上班，我们花八百多贯在城西买了个宅院。这宅子带一个小小的花园，种了一些菜蔬，前门外长着高高的槐树和茂盛的柳树，后门种着石榴树，台阶旁是青翠的竹子、一架葡萄、两棵柏树。浇花就用老苏开凿的方池，一旁堆了假山，除了石头假山，还有一座木三山——对，就是我们小时候老苏用貂皮袄子换回来的那座楠木山。这花园虽然不太大，却花木繁茂，颇有野趣。想到故乡的书房南轩，于是我们给新家取名为南园。子由更是兴致勃勃地给园中草木一一题咏。

制科考试之后，我们家的宅院热闹起来，认识的不认识的人都来拜访，还经常有人在院门外探头探脑——为了一睹我和子由的“风采”。我们的文章被争相传抄、模仿，外面甚至流传起一些顺口溜——“苏文熟，吃羊肉；苏文生，吃菜羹。”这苏文，也不知道是我的，还是苏辙的，还是培养了“两个宰相之才”的老苏的。

除了外出访客，我们父子仍然把大多数时间用来读书，我花了更多的时间在诗赋上，韩愈、韦应物，尤其是当时在京城流传甚盛的杜甫的诗，都是我每天要研习的。当然，写字、画画也是日课。学海无涯，从来没有止境，这个道理我们在童年启蒙的时候就已经懂得了。

不久，我被任命为从八品的大理评事、签署凤翔府判官，就是去辅助当地知府处理公务的幕僚之长（秘书长），相当于知府大人的助手。给我写任命公告的，是当时的宰相王安石。而子由因为成绩比我略微差一些，被任命为九品的秘书省校书郎、签署商州军事推官。也就是说，我们俩都要以京城官员的身份，到地方上去挂职，造福一方。

第六章

时光里的足迹，浅浅深深

怅然地回忆起当时的年少气盛，我给了自己四个字的评价：愚不更事。人生多少事，都要事后方知原委。这就是成长的代价啊！

1 诗句就是我们的家书

因为父亲年纪大了，我们很不放心父亲一个人在京城，于是子由申请了在家陪伴老父亲，而我必须去长安（陕西西安）附近的凤翔府了。一起陪同我去上任的，还有妻子王弗和三岁的儿子苏迈。随行的还有个偶然结识的穷朋友马梦得。他考运不好，家里又穷，在京师做“太学正”的学官，可是因为性情很耿直，没人喜欢他，他就说辞职算了，跟我去当个幕客，帮着处理处理文书。我一向是不嫌朋友多的人，当然欣然答应，而且他恰巧和我同年同月生，也算是很有缘分了。

子由送我出城。三匹马并行在官道上，穿过画桥残柳，脚下的官道绵绵不绝通向远方，路边的酒旗在冷风中瑟瑟抖动，破碎的阳光穿过稀疏的银杏枝，打在池塘的冰面上，枯黄的银杏叶飘过我们的头顶。起初我们还有说有笑，但随着渐行渐远，我勒了一下缰绳，放慢了速度，马儿扑棱扑棱地摇着脑袋，鼻孔里时不时吐出一团一团白雾。子由仿佛知道我的心，也默默地放慢了马速。不懂事的马梦得还在前面扭头大喊：“你们快点儿呀！”他不知道，二十多年来，我们两兄弟几乎形影不离，这是第一次离别。

子由必须折回了。

而我将继续前行。

这一天，是嘉祐六年（1061 年）的十一月十九日，也是这辈子我们兄弟俩第一次分开的日子。

我回望着弟弟骑着瘦马的背影，寒风吹起他帽子上的飘带，他单薄的身影在低陷的古道上随着地势起伏，若隐若现，越来越远，越来越远，越来越远……我感觉心弦都被离别之情绷断了。

我写下了此生寄给弟弟的第一首诗。与其说是安慰弟弟，不如说，我是在安慰我自己：

不饮胡为醉兀兀，此心已逐归鞍发。
归人犹自念庭闱，今我何以慰寂寞。
登高回首坡垄隔，但见乌帽出复没。
苦寒念尔衣裘薄，独骑瘦马踏残月。
路人行歌居人乐，童仆怪我苦凄恻。
亦知人生要有别，但恐岁月去飘忽。
寒灯相对记畴昔，夜雨何时听萧瑟？
君知此意不可忘，慎勿苦爱高官职。

诗的标题记录下了我们分别的时间和地点——《辛丑十一月十九日既与子由别于郑州西门之外，马上赋诗一篇寄之》。在风的怒号声中，我仰头收回了眼眶中的泪水，裹紧衣袖，心中不由得担心子由出门还是穿得单薄了，在回程的路上会不会寒冷呀。马儿仿佛知道我的心思，一步步缓慢向前挪着，太阳逐渐升高，路上的行人越来越多，远处田间劳动的呼号声、笑声、小孩的吵闹声纷乱地响在耳边，书童噘着嘴巴，他心里肯定在想，大好的天气，又是出门当官，主人怎么这样闷闷不乐呢？我们还要前往洛阳，去长安，到咸阳，何止千里，这样走走停停，真是太磨人了。

因为有太多的话想对弟弟说，这首诗其实写得有点儿啰唆，但是我仍然觉得许多心里话还没有说完。

从汴京到凤翔，会经过渑池，我忽然想到五年前和父亲、子由第一次进京时，曾在一个当地的小庙投宿过，于是特意绕路过去，没想到当年曾与我们聊天喝茶的奉闲和尚已经圆寂，变成了一座新造的坟墓。而我题过诗的墙壁也倒塌颓坏了。凄凉的晚风中，残雪带来的寒意直往我脚底钻进去，过往的日子，亲人的身影，一一从心头掠过，我潸然泪下。再次写下一首《和子由渑池怀旧》：

人生到处知何似，应似飞鸿踏雪泥。
泥上偶然留指爪，鸿飞那复计东西。
老僧已死成新塔，坏壁无由见旧题。
往日崎岖还记否，路长人困蹇驴嘶。

我真的很想当面问问子由——像以前一起读书时那样，说话前先用笔杆捅捅他的后背，然后问他：“你还记得吗？那时因为路途遥远，我们都走得疲劳不堪，当然更疲劳的是驮着我们行李的驴子，都累得一瘸一拐的了，嘴边挂着白沫，有气无力地呻吟着……”

但是现在，在这空落落的小庙里，只有我一个人孤零零地站着。从我们离开故乡，参加考试就注定了，我们必会像飞鸿一样，有各自的道路和方向。

从此，兄弟间的离别就这样一次次到来。

其实大家更熟悉的，是我写给子由的一首词。那时候，我和子由已经经历了多次离别，无奈和牵挂充盈着彼此，但是也慢慢豁达了。那首词是我在密州超然台上写的《水调歌头》。我喜欢在标题或小序里把诗的内容和原由说清楚，但表达不尽的是我们兄弟之间的亲情。

丙辰中秋，欢饮达旦，大醉，作此篇，兼怀子由

明月几时有？把酒问青天。不知天上宫阙，今夕是何年。我欲乘风归去，又恐琼楼玉宇，高处不胜寒。起舞弄清影，何似在人间。

转朱阁，低绮户，照无眠。不应有恨，何事长向别时圆？人有悲欢离合，月有阴晴圆缺，此事古难全。但愿人长久，千里共婵娟。

2 在凤翔的小日子

官舍有点儿荒凉，我从小看母亲栽花种树，对修造园林也很感兴趣，就决定自己开辟一个小园子。我种了三十余棵桃树、杏树、松树这些眉山的树种，倒是与原来的槐树、榆树相映成趣。当然，还种了一丛我最喜欢的牡丹花。池塘前修了一个小亭子，配上轩窗、九曲回栏，又种上荷花，养了鱼，还在池塘上修了一座木板桥。我辛辛苦苦地经营着这个小园子，为的就是能够对着池塘赏着风景快乐地品茗饮酒。我想，如果祖父还活着，他也会非常赞成我这样做的。虽然按照规矩，我在凤翔的任期也就三年，但是，那也要有家的样子——生活的样子。

凤翔府有九个辖区，是周朝和秦朝的发源之处，也是汉代和唐代的重地，有很多值得游览的地方。在熟悉了公务之后，到处走走也不失为一件赏心乐事。

凤翔附近的孔庙里珍藏着十个石雕的大鼓。据说是唐代出土的先秦古物，那时就有很多诗人为此题诗，包括大诗人韩愈。上面刻写的铭文笔走龙蛇，但已经被岁月的风沙磨灭了大半，我细细地辨认着，用韩愈在《石鼓歌》里的方法，先认偏旁，再一笔一画地根据上下文推测，但是一行十来个字只能认出来一两个，虽然不能识全，但这些古代的战鼓，仍然让我对古老的文化充满了怀念和向往。

我曾在上元节，就是正月十五的夜晚，信步来到城北的开元寺，那里有一些先秦的文碑，还有唐代大画家吴道子的佛像壁画：双林树下，彩衣飘飘的菩萨正在讲道，吴带当风，笔墨像波涛翻涌，真是名不虚传啊！东塔有一竹子壁画，据说是唐代大诗人王维留下的，我也去观摩了。只见墙壁上，墨色的竹子在风中乱叶飞舞，生动极了。我更喜欢王维的竹子，可能是因为他不仅会画画，还会写诗，因为读过许多他的诗，我更了解他，而且吴道子写诗文不如王维。

游山玩水的同时，访古、看画、写诗……我也一样没有落下，这使我在书画和鉴藏方面有了很大的长进。我在离凤翔不远的长安观摩到了更多的唐代碑刻和收藏家收藏的书法珍品，有了许多领悟。我觉得那种“端庄杂流丽，刚健含婀娜”的风格最有看头，于是自己在练字的时候，除了练王羲之、王献之父子的书体，也会自己多加揣摩，毕竟不拘泥于任何一种形式才能形成自己的风格。当然我练得最多的还是楷书和行书，它们比较实用嘛！

这些心得我都好想和子由探讨啊，幸好还可以写信。“诗成十日到，谁谓千里隔。一月寄一篇，忧愁何足掷。”

我还把在凤翔见到的十几块古碑文字拓印了下来，其中有李商隐、欧阳询的书迹，我把它们装订好寄给子由。这里的一些同事知道我的癖好，也经常跟我交流。有一次，武功县的县令送了我一件长安古塔中出土的铜龟子，这铜龟子还可以开合，哈哈，正好可以让我保存自己的印章。

当然，大多数藏品都是我自己买的，比如菩萨画像、古青铜器，最冲动的一次消费是花十万铜钱买了吴道子的四菩萨门板画，只是搬运起来太麻烦了。幸亏父亲很喜欢，我也觉得值了。

3 所有明白都来得太迟

在凤翔的时候，我与我的上司——新太守陈希亮不太合得来。亏得他还是眉山老乡，跟我父亲也是旧交，对我却严厉得不得了，动不动就吼声如雷。因为我为老百姓做了一些实事，有人喊我“苏贤良”，我这正得意着呢，他却发布命令，不许这么喊我！哟，年轻气盛的我觉得连皇帝都对我客客气气的，他凭什么啊！

但是官大一级压死人，他又比我年长，我“斗”不过他，很是郁闷。郁闷了就更想念弟弟，对老苏也没这么想念呢！“忆弟泪如云不散，望乡心与雁南飞。”原来从前诗写得不算好，是情绪没到，感受不深啊！

妻子总是劝解我，说老太守是为了磨磨我的性子，故意对我严厉的，我才不信。

是的，一直到很久以后，我自己也成了一个中年人，有了后辈和学生，才理解到这是老太守训练青年人才的方法，是一种饱含着爱心和期待的砥砺。怅然地回忆起当时的年少气盛，我给了自己四个字的评价：愚不更事。

人生多少事，都要事后方知原委。这就是成长的代价啊！

在凤翔的三年，我交了两个好朋友，陈慥和章惇，一个至死不渝，一个后来给了我致命的打击。

陈慥是老太守的儿子，像侠客一样豪爽，喜欢打猎喝酒，挥金如土。所以他虽然老大不小了，还是经常会被他爹追着在大街上打。我每次看见都笑得合不拢嘴，就连刚挨的太守之骂也没那么难过了。而章惇是我的同科进士，文武双修，高大威猛，所以我很乐于和他一起玩。有一次和他一起骑着马游山，竟然遇到了一头猛虎，我吓得冷汗直冒，但是章惇却镇定地继续迎向猛虎，反倒弄得见多识广的老虎有点儿蒙了："这人怎么回事？怎么不怕我？好奇怪啊！"

我远远地瞥见章惇竟然下了马。他拿起手中的一面铜锣忽然用力向山石上砸去，发出惊天动地的声音，哐哐哐哐——老虎吓坏了，转身就逃。

从此我对他更加刮目相看，还预测说他日后"能杀人"。章惇没有正面回答我，只是哈哈大笑。

这期间我还在岐山认识了文同，他后来也成了我一生的挚友。我们是西蜀的同乡，他长得眉清目秀，为人很是淡泊名利。我认为他有"四绝"：诗歌、楚辞、草书、绘画。我画竹子，是从开元寺王维的壁画中得到的启发，而技法就是跟文同学的。文同画竹子，以淡墨为叶青，用浓墨画竹叶的背面，还在画上题诗，这是他开创的湖州竹派绘画的典型特点。当然我的竹子画得比他更张扬潇洒一点儿，后来题画诗也写得比他更好。

好的朋友不仅带来友情，还带来进步，当然，也有笑谈。文同曾经写信跟我说，别人都知道他墨竹画得好，纷纷捧着白绢上门求他画画，门槛都要被踩烂了。厌烦得要命的时候，他索性把白绢往地上一摔，大喊：“我不想画了，拿它做袜子去吧！”所以，他也是一个有趣的人，可惜英年早逝。

4 生活里的不幸几乎压垮我

时光匆匆，在公务和充实的游历学习中，一转眼我三十岁了，任期也已满，再次回到京城，父子兄弟再见，自然是有说不尽的欢喜。南园的宅院经过弟弟和父亲几年的打理，翠竹青青，花木葱茏，竟然有了一点儿眉山故居的样子。

这时英宗皇帝继位了。他做太子的时候就听说过我，很想重用我，让我给他写起居注，但是遭到了当时的宰相韩琦的反对。后来我就做了登闻鼓院的掌事，工作轻松，下班后还经常能和父亲讨论学问，也和许多爱好诗文书画的同事成了好朋友。弟弟因为我回来，父亲有人照顾了就出去任职了。

苏迈七岁的时候，和我相濡以沫十一年的妻子得病去世了。她的身上有我母亲程氏的影子，谨言慎行，勤俭节约，也非常关心我，知道我缺乏社会经验，性格又不拘小节，经常会帮我处理人情世故，甚至教我一些做人的道理。我觉得她既是我的妻子，也是我的人生导师和守护神。忽然失去了她，我真的是肝肠寸断。

过得年来，父亲也大病一场，弟弟子由从外地赶回来，与我一起侍奉父亲。我们换了好几个大夫，父亲也很想好转，每天坚持喝药，但是身体仍然一天不如一天，最终在治平三年（1066 年）永远地离开了我们。接二连三的亲人去世，我悲痛而又惶恐，对命运的安排一片茫然。

朋友们都很关心我们，欧阳修为父亲写了墓志铭，张方平写了埋入墓穴的墓表，正好司马光前来吊唁，我们又请他为母亲程氏补写了墓志铭。我们收拾好行李，谢绝了皇帝的赏赐、好友的资助，坐上官府特派的船只，带着家小和长眠的父亲，踏上了回眉山的长途。

山川依旧，风景仍然是原来的风景，我们的心境却无比悲凉，再也没有了游山玩水的心情。在进入三峡的时候，惊涛骇浪中，又听说了英宗皇帝去世的消息，继位的是他的长子赵顼，也就是宋神宗。

我们把父亲安葬在了母亲身旁。我妻子的墓地也在这附近，我让人在她的墓地旁又开了一个墓穴，希望将来我也能够魂归故里。

墓前清风如泣如诉，松涛阵阵，山花败落。从此，我和子由成了无父无母的孤儿。生命里的第二次丁忧，又开始了。

有时候想想，这个为父母守孝的古制是非常有道理的。不管你做多大官，离家多远，父母去世了，你都必须赶回来，这既是最后一次尽孝，也是对一个人其他生活的打断，让一个人回到故乡，回到生养自己的父母身旁，什么社会工作都不用做，从源头上重新回望自己。说到底，人间万事，除了铭记和追思父母，没有什么事是不可以暂停的。

守孝期满之后，我和子由又恢复了正常的交游。我和第二任妻子王闰之举行了婚礼，这是王弗的心愿，她担心苏迈无人照顾，叮嘱我要从她的母族为孩子再找一个母亲。

随后我们在熙宁元年（1068 年）的冬天再次前往汴京。我的发小蔡子华前来送别，他在山下栽种了一棵荔枝树，荔枝的谐音是“离子”，说等以后我退休回来，会看到一棵大树，到时候也算是离子叶落归根。

但是这里只有父母的陵园，已经没有了我们的家，以后能不能回来，也要看命运的安排。

二十二年以后，我在杭州想起这件事，寄了一首诗给他：“故人送我东来时，手栽荔子待我归。荔子已丹吾发白，犹作江南未归客。”

5 反对王安石变法

我们骑马乘车，再次踏上了离开故乡的路。经过凤翔府的时候，特意多停留了几天，为了可以和老朋友喝酒、赏画、聊天。之后又到了长安，拜会了著名的收藏家薛绍彭，欣赏了他收藏的唐代画马名家曹霸的《九马图》，又在另一个朋友家聚会时观赏了石苍舒的草书，这期间干得最多的事就是给朋友们的书画题跋。

三十四岁的我，第四次回到京城，心中非常感慨，短短几年，大宋的皇帝竟然换了三任，国运也一直在走下坡路。如今的神宗和他的父亲、祖父不同，不愿意墨守成规，他特别信任王安石，准备一起“变风俗、立法度”。

而我的新工作是比较清闲的，我和弟弟一家住在南园，平时一起淘一些古画，种种菜，教几个孩子读书，对，这时候我已经有了二儿子苏迨。王安石要用新学和新政去“变法图强”，改革学校制度、科举制度，这倒让我很好奇，他怎么变呢？我从小在眉山乡村长大，又在凤翔待了那么多年，深知风俗和道德的建立不容易。

王安石变法遭到了大多数老官员的反对，所以他就起用了一些年轻人，我的同年进士章惇、吕惠卿都得到了重用。但是我真的不能认同他的一些看法，比如他建议把诗赋、明经这些科目取消。但我认为它们有助于帮助考官判断一名考生的综合能力，因此我就写了奏章给皇帝，还得到了皇帝的接见，可这下就算是与“拗相公”王安石直接杠上了。

后来他又提出了方田均税法、青苗法、农田水利法这三个新政，我认为他的做法有利也有弊，比如青苗法，出发点是帮助贫苦百姓，但是很有可能变成贪官污吏盘剥农民的手段。

变法引起了民间和官场的许多争议，因为观念和利益的不同，朝堂上也出现了“新党”和“旧党”的斗争。我和子由是价值观相同的人都很刚正，所以就站到了王安石的对立面。但我们不是完全反对变法，而是反对王安石的急躁冒进和党同伐异。这多次影响了我的升迁和任命，但是我们不后悔。人要有所坚持，才能顶天立地，哪怕是以卵击石。我后来跟欧阳修的另一个门生，也是我的好朋友晁端彦发牢骚说：“我的性子就是不能吞声忍气，心里有话，就好像吃到了苍蝇一样，一定要吐出来。”

可能是身边缺少了陈希亮这样的前辈和王弗这样的贤妻，我性格里的“不服气”全冒了出来，说话肆无忌惮，在各种场合都会发出异议，有时也会在闲谈、诗赋和作文时讽刺讽刺新法和因此得势的“某些人”。和我交好的朋友经常提醒我谨言慎行，因为我这时已经是年轻举子中很有声望的人了，又在朝为官，说一句话的影响很大。在王安石眼里，我不过是一介书生，缺乏从政的经验和议政的眼光，但却拥有巨大的舆论影响力，所以他们是很警惕我的，但是这是需要为国为民说话的时候，我不能保持沉默啊！

我果然为此受到了各种弹劾和举报，甚至有人诬陷我运私盐，这在我们这个时代可是大罪。眼看着子由，以及我敬重的前辈，亲近的朋友、同事因为反对新法一个个失意离朝，连老师欧阳修也在王安石做宰相的第二年归隐了林泉，司马光也辞职写历史巨著《资治通鉴》去了，寂寞的感觉在我心中升起，可真是“闭户时寻梦，无人可说愁”。

我写了七千多字的《上皇帝书》，讲了反对变法的理由。两个月后，又写了《再上皇帝书》。这下我成了王安石变法的公开反对者。这人事纷纭的两年半，我忙着上书言事，都没有心情写诗，但是也没有后悔为认定的真理进行倔强的争执。“使某不言，谁当言者？”小时候和母亲读过的《范滂传》，始终在我心中。

尽管朝堂上争论不休，但我的个人生活倒还不错。这段时间我见到了很多前代藏品，因为鉴赏能力强、书法好，常被邀请写一些题跋。有一次，还有人拿来一幅《蓝田烟雨图》，署名竟然是王维，我想起在凤翔时看到过的王维的壁画，对这幅画的真假有点儿难以确认，于是题写了一句“味摩诘之诗，诗中有画，观摩诘之画，画中有诗”，竟然被传为名句。

虽然朋友多，但真正志同道合的还是文同。他正好也调任京城，我们成了同事，天天在一起谈诗论画。欧阳修没有退隐的时候，我还经常把文同的好句子念给他听，然后我们一起感叹：“文章本天成，妙手偶得之！”

我画竹子的水平，也在文同的帮助下大大提高了，还合作为寺院新粉刷的墙画壁画。生活里不仅有风雨，也有月光、艺术与友情。直到他也被贬谪，我们才不得已分开。

第七章

我成了快乐的杭州通判

这是个美好的地方，隆冬时节也能感受到春的温暖。热闹的商业街、明珠一样闪亮的西湖，不知不觉就消融了我的哀愁。

1 前生我已到过杭州

未成小隐聊中隐，可得长闲胜暂闲。
我本无家更安往，故乡无此好湖山。

熙宁四年（1071 年），我侥幸逃过变法运动中小人对我的诬告，卸了京中的差事，被任命为杭州通判。身心俱疲的我，慢悠悠地打点行装，并不急于赴任。早已贬去陵州的文同知道我外放任杭州通判的消息，千里迢迢写了诗来告诫我："北客若来休问事，西湖虽好莫吟诗。"

带着他的叮嘱，我乘船离京，先到陈州和弟弟一家相聚，住了七十多天之后，子由又送我到了颍州。为什么选这里？因为这里是我们的老师欧阳修致仕养老的地方。

老师虽刚刚年过六旬，但是看上去已经有点儿老态龙钟，头发胡子都白了，穿着一袭宽大的袍子，气色还算可以。历经了各种政治风波，老师终于可以在美丽的大自然的怀抱中度过生命的黄昏，老师想开了，给自己取了个别号叫"六一居士"，说自己有"琴一张，棋一局，酒一壶，书一万卷，金石遗文一千卷"，加上自己这一个老翁。老师真是个绝妙的人啊！

看见我们来了，他特别高兴，每天饮酒赋诗，畅谈终日。一直相聚了二十多天，直到我不得不再启程赴任。但没想到，这却是我们最后的相见，第二年老师就去世了，而我只能在远方遥寄哀思。

颍州成了我们兄弟俩又一个分别之地。我忍不住感叹：“我生三度别，此别尤酸冷。”当年怀抱梦想，从遥远的西南边城出来，十多年后，却又即将前往东南的海边，如此奔波，真的是“马入尘埃鹤入笼”。

我带着家小一路沿着颍水南下，到了淮河以后，又向东进入楚州，再沿运河南下。我们没有错过行路途中的任何一处风景。并且，与我们父子三人第一次进京时养成的习惯一样，我用诗歌作为日记，记下了一路上的风物与感想。

过了扬州又到镇江，游金山寺的时候，滚滚长江水，惊涛拍岸，阵阵风刮响檐角的铜铃。这里是长江的下游，使我想起上游的家乡。我想站在山顶远望一下我的家乡，但是山峦重叠阻隔，什么也看不见。于是《游金山寺》的开头，就是一个充满思念的句子：“我家江水初发源，宦游直送江入海。”真想念那个在眉山的山野里欢腾，在南轩的书房里读书的自己啊，无忧无虑，意气风发……哪里像现在，为生活奔波，连说个话、写句诗，都提心吊胆，担心被人陷害。

2 杭州，最是人间暖

从熙宁四年十一月到熙宁七年（1074 年）九月，我在杭州整整待了两年十个月，直到被任命为密州知州。

这是个美好的地方，隆冬时节也能感受到春的温暖，热闹的商业街、明珠一样闪亮的西湖，不知不觉间就消融了我的哀愁。赏花观潮吧！访友寻芳吧！风景和朋友，永远都是最治愈的！也难怪后来南宋会把杭州作为都城。

杭州是个神奇的地方，到处都有奇遇。有一天下班后，我照例到西湖边上去休闲一下，谁知刚出门，就见一个人跪在路中央，双手托着个卷轴，朝我不住地磕头。我心里一惊，以为有什么冤情，忙叫下属接了过来。打开一看，却是一幅秀丽的春山图，笔力工妙，山容水态无不曲尽变化，再看题诗也是清雅可爱，只是不见题款，心中暗暗称奇。我和颜悦色地问那樵夫模样的人："是谁叫你送来的？"

樵夫回答道："小人挑柴进城贩卖，半路遇见一个读书人，给了小人一百吊钱，叫小人献画给您，确实不知他是谁。"

我连忙给樵夫一些赏钱，便打道回府。回家后我揣摩欣赏这来历不明的诗画，觉得此人才学不浅，行事又颇诡秘，真是太让我好奇了。后来总算打听到这画者也是个少年进士叫李颀，但是弃官不做了，现在是个临安的隐士。自然，我们成了文友，经常以诗唱和。

我还遇到过小朋友呢。有一次下了班去法惠寺游玩，遇到一个可爱的小童子，他说自己十一岁，叫彭九，是在圆师师父身边伺候的，因为琴弹得好，所以经常被派出来接待宾客。圆师师父趁机请我给他取个法名，我想了想，就叫“思聪”吧！

就这样，通过奇遇、书信、出游，还有同城为官，我结交了一批朋友，既有官员也有文人雅士，更有方外僧人。这些僧人有孤山的惠勤、祥符寺的可久、梵天寺的守诠、宝岩院的清顺，都是著名的诗僧，也是和我诗文相和的好朋友。与僧人的相处和寺院里清净的环境，都让我得到了放松，有了更好的心境写诗作画。有时候几天没睡好，我就会去寺庙中睡个长长的午觉，竹影摇曳着印在卷帘上，耳边是松涛送来的唱经声，仿佛与世隔绝。

我还在杭州再次迷上了古琴，小时候我拆过父亲收藏的一把琴，后来父亲也教了我音律，所以我有一点点音乐基础。杭州有个叫昭素的和尚，琴弹得特别好，可能说不出来好在哪里，但就是能“散我不平气，洗我不和心”。这让我想起当年我们父子三人一起进京的时候，父亲有一天在江边的月色里弹琴，先弹了《瀑布》，又弹了《松风》，他要收琴的时候，我对他说再为我弹一曲《文王操》

吧。后来，这个旋律一直回响在我的生命里，让我能够在任何时候都保持心平气和。昭素的琴声，与父亲的琴声异曲同工。

我还学会了亲自生火煎茶，这真是日常生活中美妙的享受。我特意写了一首《试院煎茶》，把我的心得传授给大家。

蟹眼已过鱼眼生，飕飕欲作松风鸣。

蒙茸出磨细珠落，眩转绕瓯飞雪轻。

银瓶泻汤夸第二，未识古人煎水意。

君不见昔时李生好客手自煎，贵从活火发新泉。

又不见今时潞公煎茶学西蜀，定州花瓷琢红玉。

我今贫病长苦饥，分无玉碗捧蛾眉。

且学公家作茗饮，砖炉石铫行相随。

不用撑肠拄腹文字五千卷，但愿一瓯常及睡足日高时。

那是在主持乡试的时候，因为有闲，就学古人的方式煎茶，静视着鱼眼气泡，聆听着沸水松风声，随着茶沫珠落，不禁思绪纷飞。唐代李约煎茶时重视活火和新泉，文彦博喜欢使用西蜀煎茶法，尤其喜欢像雕琢红玉一般使用定窑印花白瓷，来品饮缃红色的茶汤。而我呢？贫、病、苦、饥，简直没法说了，还要牵挂着那五千份考卷，所以最大的享受就是在太阳升高时睡足了醒来，手边正好有一瓯好茶，这就足够了。

如果说在离开眉山之后我觉得自己失去了家，那杭州，再次成了我安住的家园。登楼喝酒看湖景，或者坐着小船去赏月，跟往来水上的卖花女随手买两串茉莉、白兰，再带一些新鲜的菱角、芡实给孩子解馋，我忍不住想，不能在都市里大隐，也不能在山林里小隐，那像这样自在地生活在杭州，也算是个中隐吧。反正我已经是个没有家的人，也不想着回眉山了，故乡可没有江南这么美的湖山啊！

这三年，可能也是我仅次于童年的快乐时光。

3 我学会填词了

杭州府衙正在紧靠着西湖的凤凰山脚下。登上山顶，可以东望湖，西望海。有时候，我甚至会把办公桌也搬到湖边，在大自然中处理公务。朋友们也喜欢在这里相聚，谈诗作画，每当这时我就会诗兴大发，其中流传最广的，可能就是那首《饮湖上初晴后雨》了。不管在什么时候，风景都是可以让人诗兴大发的。这个时期，我的诗写得越来越多，也越来越好，有时候半醉半梦之间，还能得到一些奇句。但又常常“清吟杂梦寐，得句旋已忘”。不过那又怎样呢？人只要有了自己喜欢的生活，诗的灵感是不会枯竭的。

杭州有很多招待官员的宴会，宴会上我听到歌女在唱一种“曲子词”。有个词作者叫柳永，他的一些慢词写得真是有味道，尤其是写杭州的那首《望海潮》：“东南形胜，三吴都会，钱塘自古繁华。烟柳画桥，风帘翠幕，参差十万人家……”说杭州是东南地势重要、湖山优美的地方，三吴的都会，自古以来十分繁华。如烟的柳树、彩绘的桥梁、挡风的帘子、翠绿的帐幕，房屋高高低低，约有十万人家。高耸入云的大树环绕着沙堤，怒涛卷起霜雪一样白的浪花，天然的江河绵延无边。市场上陈列着珠玉珍宝，家庭里充满着绫罗绸缎。湖泊与重重叠叠的山岭非常清秀美丽……真是把我想说的话全部表达出来了。我经常揣摩他写的这些词，研究他是怎么写出来的，我能不能写得比他更好……

在某一次朋友带朋友的宴会上，我还认识了张先，就是那个写了“桃李嫁东风”的著名词人。我此时在诗歌上已经是很有造诣了，就想试着写写词。还记得我第一首写的是关于春游的《浪淘沙·探春》：

昨日出东城，试探春情。墙头红杏暗如倾。槛内群芳芽未吐，早已回春。

绮陌敛香尘，雪霁前村。东君用意不辞辛。料想春光先到处，吹绽梅英。

原来，用长长短短的句子，比整齐的律诗更适合描写风景，抒发情感。

我的小宇宙爆发了，陆陆续续竟然写出了四十多首词，而且自我感觉都很好。在写词的时候，我一方面会去模仿柳永和张先，一方面又有点儿受不了婉约词的吞吞吐吐。于是试着“以诗入词”，用诗歌的写法去填词，在词中写风景、讲故事，还渐渐表达一些议论。因为受到僧人的影响，我读了一些佛经，也有一些心得，所以在我的词里，常常会用到水、月亮、梦境这些元素，它们提升了我词作的哲理境界。很快，别人就把我的词和柳永的词相提并论了。

当然，诗也写了不少，比如那首《饮湖上初晴后雨》：“水光潋滟晴方好，山色空蒙雨亦奇。欲把西湖比西子，淡妆浓抹总相宜。”据说流传甚广呢！

在访友的时候，我第一次听说了黄庭坚的名字，还读到了几首他的诗文，感觉这个比我小九岁的年轻人很出色。那时候我还没想到以后会和他成为最要好的朋友，后世还把我们俩合称“苏黄”。当然，他是一向自称为我的学生的，是我的“苏门四学士”之一。

4 兴水利，济民生

如果让我选择我最向往的生活，我愿意“明年采药天台去，更欲题诗满浙东”。但是，父亲和母亲生前对我的教育，使我从小就对这天下怀有一种使命感。

既然把杭州看成故乡，自然也要竭尽全力做一些实事。我和知州一起，重新疏浚了城区里的六口井，解决了杭州百姓吃水困难的问题。这六口井是相国井、金牛池、白龟池、方井、小方井、西井，都是唐代开凿的。我们集合了人力，重新掘地沟、砌石槽，又在石槽内放了空心竹管把西湖水引过去。看着井里重新冒出的清澈的水，倒映出老百姓的笑脸，我感觉自己又往水利工程师的道路上迈进了一步。

这几年我也经常走出杭州城，奔走在四县八乡，考察堤坝建设及防涝、抗旱情况，以及治理蝗虫。在民间的考察让我对社会民生有了更深刻的体会。

尤其是熙宁六年（1073 年）的秋天，东部地区发生了大荒灾，我接到转运司的公文，让我沿着运河北往常州、镇江去赐粮赈灾。此后三个月，我就一直在路上，除夕也是在常州城外的船上过的。

我喝着冷酒，听寒风敲打着木格舷窗，远远传来农人啼哭的声音，也有人拎着灯笼，唱着歌从岸边走过，那悲戚的、逐渐消失的音调把我的心牵扯得很疼。

“蚕欲老，麦半黄，山前山后水浪浪。农夫辍耒女废筐，白衣仙人在高堂！”

我说的仅仅是菩萨吗？不，还有那些拿了俸禄却不为老百姓干实事的官员！

唉！

出差的这一路上，我看见了山川风物，也看见了民生多艰，有时也会想想自己的生活。尤其是走到江苏宜兴丁山一带，那里的山水莫名地让我倍感亲切，我忽然被触动了思乡之情，心想，如果以后回不了家乡，在这个有点儿像家乡的地方定居倒也不错。于是我四处寻访田地，拿出积蓄，在黄墅村买了两百多亩地。

我骨子里还是很像我的祖父的，就是一个农民，而且做决定的时候很爽快。

第八章

两年走过三座城，举杯笑问天

中秋节，在洒满月光的超然台上，我和朋友们喝酒作诗，诗作了一首又一首，酒喝了一杯又一杯，不知道为什么，我仍然觉得意犹未尽，直到一句“明月几时有”脱口而出。

1 百姓苦，我心忧

春未老，风细柳斜斜。试上超然台上看，半壕春水一城花。烟雨暗千家。

寒食后，酒醒却咨嗟。休对故人思故国，且将新火试新茶。诗酒趁年华。

对我来说，离开杭州不仅是离开一个地方，也是离开一群好朋友。好朋友们用独特的方式与我依依惜别，惠勤请我给他的诗集作序，张先也赶来送别，我们在流杯堂喝酒，杨绘当场写了一曲《泛金船》，绝对的原创首发。我和张先也欣然写了同题作品，大家互相传阅欣赏。

第二天我必须上船出发的时候，大家又赶到码头，在附近的亭子里再次饮酒赋诗鼓乐。月色满地，江水粼粼，今日一别，不知何时再重聚。

前往密州的路上，越向北景色越荒寒，还遭遇了可怕的蝗灾。据说两百里地有三万斛蝗虫，它们疯狂地席卷过去，地上寸草不生。灾年最苦的就是农民啊！再加上这个地方本来就缺少水源，还常常有旱灾，真是祸不单行。

人烟稀少的北方，风土与饮食和繁华的杭州完全不一样，来了没多久，又是治蝗虫又是救旱灾，我累得生病了，过年也没能起床，脑子里全是嗡嗡的蝗虫声，还经常幻听下雨了。想想真是落寞啊！“龙锺三十九，劳生已强半。”

四岁的小儿子不懂事，在床边拉着我的衣角要我起来陪他玩耍，他就像屋外的树木那样生机勃勃。妻子笑着跟我说，躺着发愁有什么用，不如起来快乐地过日子啊。亲情带来的温暖让我有了点儿精神，而懂事的大儿子苏迈，在我病中细心地照顾我，让我想起了他的母亲，于是写了那首大家都知道的《江城子》：

十年生死两茫茫，不思量，自难忘。千里孤坟，无处话凄凉。纵使相逢应不识，尘满面，鬓如霜。 夜来幽梦忽还乡，小轩窗，正梳妆。相顾无言，惟有泪千行。料得年年肠断处，明月夜，短松冈。

初来乍到，唯一能安慰我的，是这里离子由所在的济南不远，我们的书信往来更便捷了一些。他一直劝我要善于苦中作乐，想开些。

我当然不能让他担心，就绞尽脑汁地自娱自乐。修整密州的官署时，我把和北园相连的城墙观景台修缮了一下，让这里成了个摆酒宴客的好地方。看来营造园林我也是一把好手！我兴致勃勃地告诉了子由，他只恨自己不能飞过来一起，就写信建议我取个名字叫“超然台”，他还顺手写了篇《超然台赋》，我也回了一篇《超然台记》。超然台的名声就这么传了出去，文同、张耒、司马光……好几个朋友都写了诗赋过来，我一高兴，又写了一首词——《望江南·超然台作》。

对，这时候我写词越来越得心应手了。其实，文学创作，技巧和华丽的辞藻都是次要的，重要的是有真情实感。

2 密州出猎，开创豪放词

当年我的车驾一越过密州的界碑，寒风就扑面而来，无论是生活条件还是自然环境，密州和杭州都像两个世界。

密州穷到什么地步呢？我白天坐在公堂上，接待宾客，看文书，吩咐下属做这做那。早上上班忙到中午，午后忙到下午六点，结果一杯“薄薄酒”都没得喝，只好摘点儿野菜、枸杞、野菊什么的，来骗骗自己的嘴巴，否则对着空荡荡的餐桌只能直皱眉头。直到一年以后，我才慢慢适应起来。密州百姓贫苦，我这个密州的官员也一样贫苦。

就是在这个贫苦的地方，我写出了人生中第一首豪放词《江城子·密州出猎》。

密州经常闹旱灾，地里什么都长不起来，种得最多的就是麻、桑和枣树。老天不下雨，人能有什么办法？我只能办求雨仪式，去求常山的山神下雨。在密州我做得最多的公务就是祈雨，不过似乎很灵验，所以祈雨之后还要谢神。第二件公务是杀强盗。密山周围活跃着一群打家劫舍的强盗，连官府都拿他们没办法，我就想了一些办法打击他们，比如说攻其不备；还有就是用给赏金的方法动用民间的力量，号召大家一起捉强盗。这都是在杭州没有过的体验，颇为激动人心。

那时，祭神后，我们偶尔会在山下的黄茅冈、铁钩一带狩猎。我虽然已经四十岁了，但是牵着猎犬，架着猎鹰在山冈上奔走，感觉又回到了少年时代。朝廷此刻与辽国正在边境对峙，我真想有机会得到任用，去边疆立下功劳啊！于是，我挥毫写就了前面说到的人生第一首豪放词——《江城子·密州出猎》：

老夫聊发少年狂，左牵黄，右擎苍，锦帽貂裘，千骑卷平冈。为报倾城随太守，亲射虎，看孙郎。

酒酣胸胆尚开张。鬓微霜，又何妨！持节云中，何日遣冯唐？会挽雕弓如满月，西北望，射天狼。

写完以后，我对自己的这首词还挺满意的，不禁想到了柳永，跟鲜于子骏通信的时候，忍不住吹了点儿小牛："近却颇作小词，虽无柳七郎风味，亦自是一家。呵呵，数日前猎于郊外，所获颇多，作得一阕，令东州壮士抵掌顿足而歌之，吹笛击鼓以为节，颇壮观也。"

逢年过节，最是想念亲人，我和子由不仅兄弟情深，还志同道合，可惜长大后就聚少离多。中秋节，在洒满月光的超然台上，我和朋友们喝酒作诗，诗作了一首又一首，酒喝了一杯又一杯，不知道为什么，我仍然觉得意犹未尽，直到一句"明月几时有"脱口而出。读过这首词的人都说，这也许是宋朝历史上写得最好的一首月亮词。说我的"咏月词一出，余词尽废"。而我，虽然感念人间的悲欢离合，但仍然觉得生活美好。对子由的思念，总是我灵感的源泉。

密州人喜欢喝酒，而且什么酒都喝，连味道很淡的薄酒都喝。我的好朋友驸马王诜，送来了家酿的“碧香酒”，我分了点儿给同样好酒的州学教授赵杲卿。这个老先生有点儿贪杯，喝醉了嘴里喜欢念叨“薄薄酒，胜茶汤；粗粗布，胜无裳……”这好像是一首民谣，虽然俚俗，但知足常乐的精神启发了我。

这个民风奔放、快意喝酒的地方，山风烈烈，高天万里，使我少了一点儿江南的闲情逸致，但是多了开阔的胸怀、豪迈的歌吟、英雄的意气。表现在写词方面，我感觉自己的豪放词，已经可以和柳永的婉约词分庭抗礼了。

3 在徐州，喝最烈的酒

熙宁十年（1077 年），我从密州调任到徐州，这个地方古称彭城，交通很是发达，还是军事要地，因为有煤矿铁矿，也盛产刀剑这类武器。我到达的那天，远远地就看见泗水沿着城墙向远方流去，暮春的暖意向着船头吹过来，城门里百姓的人流和马车进进出出。这个地方，比密州要繁华一些。

我把随我一起来的子由安排在逍遥堂中，又过了几个月兄弟出游赋诗唱和的好日子。直到中秋节后，子由不得不去南京上任，我们才依依惜别。约好了将来两个人都早些退休，至少留出十年的时间去看看世界和风景。

密州干旱，徐州却相反，经常闹水灾。于是我也从“祈雨小能手”摇身一变，治理起了水灾。

徐州的水灾太可怕了，只要连日大雨，黄河水位就会暴涨。有一次，黄河水甚至冲垮了上游的一个水坝，洪水横流，一路沿着清河河道流进了徐州附近的泗水和淮河，把清澈的河水都变成了浑浊的泥浆，气势汹汹地直冲向城墙。

我到处请教当地的老人如何治理洪水，又征集了五千民夫修筑堤坝，还把徐州的禁军武卫营的士兵也争取了过来一起干活。古往今来，军民永远是一家。为了监督工程，我也离开了舒适的官署，就住在城墙上的楼阁里，每天穿着蓑衣、戴着斗笠到处巡视。灾难，让我迅速地投入新的工作。

徐州的洪水比密州的土匪还要可怕，滔滔而来，横冲直撞，满眼一片汪洋。我们整整治理了七十多天，水患才止住。这次率领军民和洪水作战，真的是我从政以来最危险和紧张的经历。所以我上书朝廷，请求拨下经费，采购、运输石块重修堤岸，加固城墙，但是迟迟没有得到朝廷的答复。难道是我申请的经费数额太大，朝廷拨不下来吗？我只好缩减开支，采用更节约的施工方案，将石头改成木头来修筑堤岸和外城。经过多方奔走和长时间的等待，朝廷终于拨下了钱和米粮。

我立刻雇了三千多人，在城外修筑“小外城”，还收集大小木材、树枝，绑成一捆捆连起来，建了四条“木岸”，阻挡大水对河岸的直接冲刷，树枝的空隙又能滤掉一些泥沙，减少淤堵。我这时才发现自己原来是个被写诗耽误的工程师啊！

我还利用这次机会把东门城墙上的破旧楼阁修缮了一下。楼的形状像一座佛塔，视野很好，楼的名字我也早就想好了——黄楼。楼阁的外墙用黄泥抹了一下，在我们中国的五行学说里，木火土金水五行对应的颜色是青红黄白黑，五行呢又相生相克，水生木，木生火，火生土，土生金，金生水，水克火，火克金，金克木，木克土，土克水。为了治理徐州的水患，我也算是动足了脑筋。

我为黄楼举行了盛大的落成仪式，从此，我有了一个站在高处

看日出的地方。每当在熹微晨光中登上高楼，看四野白雾散去，一轮沉甸甸、金灿灿的太阳升起来，我就有一种“天涯流落思无穷”的感慨。

度过洪水的浩劫，徐州慢慢地变得太平。我走在村子里，看见艳阳高照，麦子金黄，村外的麻叶一层又一层，因为雨水的滋润而闪闪发光，暖风带着艾蒿的熏香扑鼻而来，村子里到处都飘着煮蚕茧的清香，如果渴了，随便敲开一户人家，他们都会热情地给我捧上茶水，我高兴得连写了五首《浣溪沙》。

第二年三月，我接到朝廷的任命，去湖州做军州事。那个地方离杭州不远，是个“环城三十里，处处皆佳绝”的地方。离开的时候，泗水、淮水在春天的暖阳下平静地流淌，我的心里却波涛起伏。这个地方，是我最有成就感的地方，在这里，我不仅诗文书画都大有长进，更是为百姓做了几年“战士”，还遇到了两个杰出的后辈——秦观和黄庭坚。

在徐州，喝最烈的酒，被皇帝认可，被天下人仰慕，没有政敌的排挤，这会不会是我最好的一段人生呢？

第九章

当文字成为枷锁：乌台诗案

我经历的“乌台诗案”被写进了中国古代文字狱的历史。

1 赴京问罪，一步一惊心

我经历的“乌台诗案”，被写进了中国古代文字狱的历史。

元丰二年（1079 年）的七月，天气依然很热。我含着眼泪，在湖州官署后院的阳光下一张张晾晒珍藏的文同书画。是的，曾与我一起欢笑喝酒、教我画竹子的文同去世了。我、黄庭坚、米芾、司马光都非常喜欢他的墨竹，也都从他那里学到了许多。我们不仅是文学和艺术的知音，也是性格和人品相投的挚友。听到他去世的消息，我几天几夜不能安眠，默默地坐在那里，偶然睡过去，也是大喊着文同的名字醒过来，枕头上都是泪痕。

悲伤的我并不知道，当我沉浸在好友去世的伤感中时，惊天的阴谋也正向我扑来。

几天后，子由派来的信使一路狂奔，冲进了我的家门，他身上的袍子已经被风沙污得看不清颜色，又浸透了汗水。我诧异地接过他从怀中掏出的密信，才扫了一眼，就颤抖起来。

这些年我在外地任职，朝廷里的变法运动仍然在曲折地开展。虽然新党当政，但是我以为我已经远离了那些是非和争斗，一直在艺术世界中优哉游哉，偶尔和至交好友聊聊时政，当然，也会针砭时弊，听说不对的事情就写诗作文冷嘲热讽。

原来，作为王安石推行新法的最初的反对者，我从来没有被御史、谏官忘记。这些年，随着我的声名远播，朋友、追随者遍布天下，我也被许多人羡慕嫉妒恨，子由就曾一针见血地断定过我的命运会“受声名所累”。我郁闷的时候要写诗，高兴了也确实有点儿口不择言，在上任湖州的谢表中，也发了几句牢骚。他们从我的谢表查到我雕版印刷的文集，搜罗了很多“罪状”，从皇帝到新法的拥戴者，还有一些小人，都想给我一点儿教训，调教一下我这个想说就说、桀骜不驯的人。他们诬陷我以诗文诽谤朝廷，派御史台官员皇甫遵来把我抓去监狱。

消息一传出来，我的好朋友王诜赶紧快马加鞭派人告诉了在南京当官的子由，子由又立刻派亲信来通知我。

我的心七上八下，非常恐惧，等待我的会是什么呢？妻子面露忧色，刚出生的孙子还在不知忧愁地笑着吃手指。我默默地吩咐小厮燃起火盆，把一份份手稿、一封封信札丢了进去。想了想，又喊过妻子，安排好后事，准备就带着大儿子苏迈一个人，进京接受“审判”。

很快，皇甫遵带着两名穿制服的御史台吏卒闯进了知州官署，我就这样结束了我在湖州仅仅两个多月的为官生涯，他们像追鸡赶狗一样拉扯着我。亲朋好友都被这个阵仗吓得不敢相送，不知道我犯了什么了不得的大罪，其实我自己也不知道。面对洪水、匪徒我没有害怕，面对小人的迫害和侮辱，我却不知道该如何还击，如何捍卫自己的尊严。

我的妻子非常害怕，在我被押解进京的路上，她疯了一般把我藏起来没舍得烧掉的书信、得意之作都翻了出来，又点了一把火烧掉了，那都是我的心血和杰作啊！她却哭着说：“喜欢写诗写文章，有什么好呢！把全家人都害成这样！”

我无法想象进了诏狱的日子会怎么样。

船路过平山堂的时候，我从舷窗里远远看到道士杜介家的竹屋和纸窗，他也是我游历四方时结交的一个朋友。以前总觉得他没什么追求，实际上他这种下下棋、制制药，无忧无虑的清闲逍遥生活，才真的让人羡慕啊！

2 乌台之狱，致命打击

八月十八，月亮仍然是圆的，多日没能换洗的旧袍子，裹挟着我疲惫的身体，我蹒跚着走进一扇向北而开的大门，随后被狱卒重重地推进一个小房间。第一次走进御史台，没想到却是以罪臣的身份。

过了好一会儿，我的眼睛才适应黑暗。这房间有点儿像一口深井，很小很窄，站在中间伸开手，就能碰到两边粗糙肮脏的墙壁，吱吱尖叫的老鼠自然也是监狱的标配。院子里都是高大阴沉的柏树、榆树和槐树，秋蝉有气无力地嘶鸣着，时而夹杂着乌鸦难听的叫声，气氛阴森恐怖，难怪以前的人把这样的监狱叫作“乌台”啊！

我蜷着身子，坐在它的底部，如果要看墙壁之外的东西，只能翻着眼睛朝上，遥望那高高在上的天窗，偶尔有云飘过，或者一只飞鸟掠过，此外什么都没有。

残酷的审讯开始了，御史们天天到我的房间，让我交代写的诗文当中那些典故的由来，和一些也被弹劾的官员之间是怎么交往的，甚至家族五代人的情况——只有死刑犯才会被追问到五代，真是非常荒谬。因为我写的诗文太多了，一条条一句句问过去，审讯有时就通宵达旦。

如果我的回答让他们不满意，酷吏还会对我扬起鞭子。身体的磨难、心灵的折磨、奇耻大辱，完全压垮了我的身心。

我得不到外面的消息，只有苏迈每天来为我送饭。在狱吏的催促和监督下，我们也说不上几句话。我们就约定好，他平时送饭只许送蔬菜和肉食，如果听到坏消息，他才送鱼。

如此过了一个月，每次打开饭盒的时候我都是胆战心惊的。怕什么来什么，有一天，我用颤抖的手接过饭盒，发现盒子和平时苏迈送的不太一样，我顿时感到不安，打开一看，天！第一层就是一道熏鱼，浓油重酱，色香味俱全。看来事情已然恶化，大概凶多吉少了。后来才得知，这是一场乌龙事件，苏迈那天有事来不了，交代了友人送饭，友人不知约定，恰巧送了鱼。

我没有碰那条鱼，踉跄着坐回到让我交代罪行的桌旁，上面笔墨纸砚齐全。我给子由写了两首诀别诗，既是和亲人告别，也是希望皇帝能够看到，给我一个免死的恩典。事实上，我是知道的，既然我犯的是文字狱，那我写的每一个字都会被呈上去。

然后，我又绝望地坐回到黑暗里，一只蟑螂爬上我的大腿，又顺着肮脏的衣袍爬到我的脸上，我一动也不动。

3 从轻发落，流放黄州

御史台的那些小人们，是真的想弄死我的，他们不断向皇上进谗言，说我要谋反。好在皇帝一向爱惜我的才华，也读懂了我的求救信号，再加上子由和张方平等人在外面一直上书奔走，子由甚至以自己的官爵为我赎罪，被贬为筠州监酒。甚至王安石也写信给皇帝说："哪里有盛世却随意杀有才之士的事呢？"还让他的弟弟当面去劝谏皇帝，要优待有才华的官员。

当年我和子由参加完制科考试时，曾与仁宗的皇后有过一番对话，此时她已经是太皇太后。我在御史台监狱的时候，她正生着重病，知道这件事后，一直在劝自己的皇孙不要轻信小人，不要搞文字狱，残害忠良。

旧年除夕，在经历了四个月又十二天的惊魂之后，在判定了我的"五大罪状"之后，皇帝做主从轻处罚了我。那一天，我拖着虚弱的步子，踉踉跄跄地走出牢笼，走出乌台，单薄的鞋履被雪水浸湿，衣袍褴褛而寒碜。迎面而来的是元丰三年的新岁，万象更新，而我就像一滴污渍，被几个月没见的阳光晒化了。

我被贬为黄州团练副使，降两级官职，没有任何权力，其实就是发配到黄州去安置。“安置”的意思其实就是软禁，我必须住在规定的州县，不得擅自离开。

当我走出阴森森的乌台，又听说好几个朋友因为我的缘故也被贬谪或被皇帝批评，还连累子由被贬到了江西筠州。对着酒杯，我又提起了带来不幸的笔。我实在没有办法停止写诗，写作也是我自我拯救的方式。诗，可以帮助我在绝境里构筑起一片思想的天堂。那天我写下的诗句是：

百日归期恰及春，残生乐事最关身。
出门便旋风吹面，走马联翩鹊啅人。
却对酒杯浑是梦，试拈诗笔已如神。
此灾何必深追咎，窃禄从来岂有因。

第十章

从苏轼到苏东坡

在民间、野地、好友和至亲的陪伴下，我觉得自己不仅获得了新的生活，也获得了新的生命。

1 此心安处是吾乡

元丰三年（1080 年）的新年，汴京城里爆竹声声，阖家团圆，而我却虎口余生，在御史台的监察下，冒着风雪去往湖北黄州，随行的依然只有大儿子苏迈。其余家人自从我进监狱后，都在子由南都的家中寄住。

子由先赶到半路来和我见面，他一看见我就流泪了，眼睛里充满了担心。我笑着给他整理了一下风尘仆仆的衣袍，安慰他："我们兄弟俩以后一个住在长江的东头，一个住在长江的西头，都在一条江上，也没有什么不方便的呀。"

黄州就是后来的湖北黄冈，靠着长江，地势高低起伏，城外群山之上，全是青翠连绵的竹林。城里居住的百姓也不多，一看就是个荒凉穷苦的地方，与我犯官的身份极是相配。这一回也没了官署，只能住在城中的定慧院里。

过去那一百多天的阴影和噩梦仍然缠绕着我，与死神擦肩而过的我万念俱灰，整天闭门不出。我年少成名，京城里谁不知道我的名字。但是现在，四十四岁的我，两鬓斑白，身体瘦弱，沦落到这寂寂无名的江边小城。

两个月后，子由把我的家人都护送过来了。黄州的知州破例让我住在临皋亭。此处本是驿站，官员走小路时，经此可以在此小住，虽然很小，但是外面风景很好，能看见对岸的武昌城。往下走八十步就能到长江边，这长江水一半是峨眉雪水，我平时做饭、洗澡、泡茶，都是取的长江水，这样和待在故乡好像也没有什么区别吧。这么一想，心里就好过多了。

以后，我就做个心里装着故乡的闲人吧。

长江水、野草地、绿竹林都极美，慢慢地，我开始拄着竹杖，穿着芒鞋，到处闲逛，江山风月，本无常主，闲者就是主人嘛。有一天，我走到定慧院东边的土坡上，乱七八糟的野草花丛中竟然盛开了一棵垂丝海棠，粉艳艳的，在风中摇曳。这不是我故乡独有的名花吗？像黄州这样的地方，怎么会有呢？我在花下看呆了，一时不知道我是海棠，还是海棠是我——我们都是从同一个地方流落到黄州来的呀！于是我写了一首海棠诗，后来有人向我求字，我经常抄这首诗送给他们，起码写过几十份吧。因为在这棵异乡的海棠身上，我看见了我自己。

每年海棠盛开的时节，我一定会带着要好的朋友和酒来赏花聊天。算起来，在黄州这几年，已有五次醉倒在花树下。每一次我都会在花树下，做一个终老在黄州的梦，此心安处是吾乡嘛！

我给朋友李端叔回信的时候这样说道："扁舟草履，放浪山水间，与樵渔杂处，往往为醉人所推骂。辄自喜渐不为人识……"我有点儿庆幸自己能混在陌生的人群里，和渔夫、砍柴人、流浪汉在乡野小店喝喝酒，有时候还被醉汉推骂，我索性扔了竹杖，摊开手

脚躺在地上，任由小蚂蚁排着队爬上我的手腕。这一切让我感到一种久违的自在。我还喜欢听村人讲古，也喜欢听家家户户的八卦，那些活生生的故事，多么有烟火气啊！有个砍柴人特别会讲鬼故事，每次听完我都会求他再讲一个，假使那个人说没有了，不会讲了，我也会推搡着求他："瞎说一个呗！"惹得大家哄堂大笑。他们哪里知道，刚从鬼门关逃出来的我，深深知道这世界上最可怕的，可不是鬼。

闲逛、看花、喝酒、念佛、沐浴、梳头、钓鱼、采药、打坐……我在黄州忙着过日子，但是内心的孤独还是会时常袭来。这段时间我倒是发现了柳永词的好处，很适合排遣负能量。我也会常常在难以入睡的深夜里散步，有一回偶然看见一只在月下单飞的鸿雁，我仿佛看见了自己，寂寞、悲伤、清高、无奈……于是也作了一首极其婉约的词："缺月挂疏桐，漏断人初静。谁见幽人独往来，缥缈孤鸿影。惊起却回头，有恨无人省。拣尽寒枝不肯栖，寂寞沙洲冷。"

2 人间有味是清欢

我常常去安国寺沐浴，然后披散着湿漉漉的头发，对着苍翠的竹林吹风，僧人诵经的声音隐约传来，不知不觉中我发现自己对万事万物的感受比从前更细腻了。原来人可以活成很多个自己，除了可以做一个官员、一个诗人，还可以做一个生活家，去发现平凡生活里的情趣和美好。

比如从前我都是收藏那些师出有名的古物、字画。在黄州，我发现大自然本身就是一座宝藏。黄州附近有一片笔直陡峭的断崖，是赤色的，风景好得不得了。每逢风平浪静、天气晴朗，我就会划一只小船前去游玩。我无意中在那里的沙滩上看到过一块精美的石头，通体洁白，显出雪花的纹理，真是太美了。我从此迷上了捡石头，最后一共收集到二百九十八块“细石”，大的有眉山的栗子那么大，小的只有杭州的芡实那么小。其中最称心的是一块“虎豹石”，隐约能看出虎豹的口鼻、眼睛。我把它们养在铜盆里，注入清水，微波粼粼中五颜六色奇形怪状的石头，成了客厅的景点——怪石供。

黄州不如杭州有那么多风景名胜，幸好朋友还是有的。有一次，我被照进窗子的月色惊醒，就很想找个人一起赏月，于是信步来到承天寺。让我惊喜的是，寄宿在这里的黄州主簿张怀民竟然也没有睡。如此夜深，如此月色，我们在庭院中就着明亮的月光与摇曳的松柏树影谈天说地，庭院的地面像水面一样空明。张怀民是四个月前被贬官到这里的，也算是个“闲人”，烦心事也很多，能够像今晚这样静心赏景也是非常难得的。

而我最高兴的是邻居们如今也都和我相处得很好，我还交到了几个当地的朋友。他们既不是名士也不是官员，潘丙是屡试不第的书生，早就不管功名了，如今以卖酒为生；郭遘是郭子仪的后代，如今开了一家药店；古耕侠肝义胆，恐怕是唐代侠客古押牙的后代，虽是市井中人，却豪爽、讲义气……

我常常参加他们的聚会，还为他们制作的美食起名：刘家的一种用煎米粉做的糕饼，我取名为“甚酥”；潘家的酒，有点儿酸，却很好喝，我取名为“错着水”。

潘子久不调，沽酒江南村。
郭生本将种，卖药西市垣。
古生亦好事，恐是押牙孙。
家有一亩竹，无时客叩门。
我穷旧交绝，三子独见存。
从我于东坡，劳饷同一飧。
可怜杜拾遗，事与朱阮论。
吾师卜子夏，四海皆弟昆。
……

我得意地评价自己："上可以陪玉皇大帝，下可以陪卑田院乞儿。"子由听后告诫我："你还没有吃够苦吗？交朋友一定要慎重！"我不以为意地回答说："吾眼前见天下无一个不好人。"

跟着朋友们做饭，我自己也练出了一手好厨艺，发明了无数的美味佳肴：东坡肉、东坡肘子、东坡鱼、东坡羹、东坡饼……

说起东坡鱼我就想起一件趣事。我的做法是先把鲤鱼剖开，在鱼肚子里塞进白菜，和葱白一起煎好后，加入酒、萝卜汁和生姜，煮开时还要放几块橘子皮，虽然做起来很麻烦，但却很美味。有一次，鱼刚刚烧好，我隔着窗户看见黄庭坚进来了，知道他又是来蹭饭的，于是慌忙把鱼藏到碗橱顶部。黄庭坚进门就道："今天向子瞻兄请教，敢问苏轼的'苏'怎么写？"我拉长着脸回应："苏者，上草下左鱼右禾。"（古时繁体字"苏"为"蘇"）黄庭坚又道："那这个鱼放到右边行吗？"我道："也可。"黄庭坚接着道："那这个鱼放上边行吗？"我道："哪有把鱼放上面的道理？"黄庭坚指着橱顶，笑道："既然子瞻兄也知晓这个道理，那为何还把鱼放在上面？！"

至于我最拿手的东坡肉，后来成了杭州名菜，实际上也是我在黄州研究出来的：把猪肉切成二寸许的正方形，一半为肥肉，一半为瘦肉，慢火、少水、多酒是制作这道菜的诀窍。一出锅，入口香糯、肥而不腻，酒香，色泽红亮，味醇汁浓。

黄州猪多肉贱，所以我经常做这道菜，还戏作《食猪肉诗》一首："慢著火，少著水，火候足时他自美。每日起来打一碗，饱得自家君莫管。"后来我从黄州复出，又经过几番大起大落后调往杭州做

太守，就在那里把黄州烧肉的经验发展成东坡肉这道菜肴。

素菜我也烧得好吃，我发明的东坡羹就是把荠菜、野果、粳米同煮，满满的山野味道。吃多了油腻之后用这道羹刮刮油，再泡上一杯浮着雪沫乳花似的清茶，品尝山间嫩绿的蓼芽蒿笋的春盘素菜，这就是“人间有味是清欢”啊！

3 一锄一犁，开辟东坡

为什么我的那些拿手好菜都有一个“东坡”呢？说来话长。

在黄州虽然没有工作压力了，但是生活的压力随之而来，我那少得可怜的工资怎么养活二十多个家人呢？妻子就和我商量节约之法。

我们摸清了黄州的消费水平后，每个月的第一天，会取出四千五百钱，然后分成三十份，吊在屋梁上，每天用叉子叉一份下来，到了月底如果能多出一些，我们会另外放在我特制的竹筒储蓄罐里，用它们款待好友，或者自己买酒喝。

钱怎么省下来呢？我们家的乳娘任采莲曾经把一块咸猪肉悬在饭桌旁，小孩儿想吃肉，就抬头看看，这叫作“咸肉止馋法”。苏迨和苏过年纪小，有时候盯着不眨眼，妻子还会说：“快吃饭吧，老盯着不怕咸啊！”逗得大家哈哈大笑。

除了这样“节流”，还要“开源”。

在朋友马梦得的周旋下，徐君猷把一块废弃的兵营之地划给了我，这块地位于城东的小山谷，四周冈峦起伏，中间一块平地有足足五十亩！我想起唐代诗人白居易在流放的时候曾经在忠州的东坡耕作，于是我也给我的这片田野取名“东坡”。

对，从此以后，我，就从苏轼变成了苏东坡，还成了一个小小的“农场主”。

在徐州抗水灾的时候已成为半个工程师的我，面对这大片荒地，熟练地构思出一个设计图：视野最开阔的地方先留着，等有钱了盖几间屋子用来读书、接待朋友；地势低的那一片种稻米，东边日照充足的地方种果树；还有的地方就种些黄麻、粟米……童年时祖父种地时的唠叨和自言自语，在中年的我耳边蓦然回响。

我还买了一头耕牛、全套的农具，热情高涨地带着全家开荒种地，每天忙得一身汗。我的朋友们，不管是京城小吏马梦得，还是杭州高僧参寥，或者眉山老友巢谷，只要来黄州找我，那必然得加入我的“垦荒队”。至于那些本地朋友，更是被我顺手“征用”了。

第一年我错过了稻谷的播种时间，但还好麦子种下了，满坡破土而出的麦苗像诗一样整齐、美妙。我总是亲自下田，累了，就喝喝酒，写写诗：“谁能伴我田间饮？醉倒惟有支头砖。”秋收冬藏，大概这就是诗意的栖居了。既然地为东坡，地主自然就是东坡居士了。东坡居士日晒雨淋，变得又黑又瘦，但是我的心境却慢慢地开阔了，土地慷慨的赠予，让我感到幸福。据说南宋的陆游还给我的东坡写了篇文章。

没错，我如愿盖了三间屋子，在垄头昂起的地方建了“居士亭”，可以欣赏风景——我的地和远处的山峦；亭子下面向南的屋子四壁都画了雪景，是我的书房、瑜伽房、卧室兼会客厅，我把它叫东坡雪堂，这屋子因落成时恰巧大雪纷飞而得名。如果有朋友远道而来，我都会招待他们住在这个可以看见小桥流水、远山暗泉的雪堂里。屋子东面有一棵大柳树，是我亲手种植的。正南面的桥我直接叫它小桥；东面有一口井，被我称为“暗井”；还有一座“四望亭”，正与雪堂相对。

我自己开垦的东坡，终于收获了！首先收获的是大麦。我让家中的仆人蒸熟了代替米饭。有韧性的大麦粒，吃起来会有声音，孩子吃着吃着就笑闹起来，说感觉像在嚼虱子，而且是吸饱了血的虱子。他们不觉得好吃，但我觉得蒸熟的大麦泡在浆水中，别有一种甘甜微酸的滋味。后来又收获了一批红小豆，我又试着把红小豆、大麦和大米饭一起蒸，这杂粮饭的味道比单吃大麦好多了，妻子高兴地给它取了个名字，说这是“新样二红饭”。

我甚至给自己取了一个外号，偷偷地告诉你们，叫“鏖糟陂里陶靖节”，意思是“邋遢版陶渊明”。鏖糟陂是京城西南的一个贫民窟。我又把陶渊明那篇著名的写田园乐趣的《归去来兮辞》改成了声律和谐可以歌唱的《哨遍》，教会了调皮的家童，然后他用清脆的童音唱，我在一旁用牛角打着节拍，真是不亦乐乎。

现在，我的东坡已经被改造得如诗如画了。

4 把酒东坡对月歌

在黄州，几乎每天晚上我都会挑灯夜读，白天也会抄书，抄完了才去闲逛、种地、做菜。黄州人能喝酒，喊我喝酒的朋友总是很多。这些年我的诗词、书法一直在进步，酒量却始终不大，甚至才闻到酒香就已经醉了。

但其实黄州的酒并不好喝，品种少，酒味酸涩，每次喝酒我都是快速咽下去。反正我享受的不是酒味，而是酒后那种飘飘然的状态。

正好道士朋友杨世昌来黄州看我，这家伙不仅会养生、炼丹，还擅长酿酒，毕竟他的家乡四川绵竹是酒乡嘛！我从他那里得到了一个酿酒方，如获至宝，掌握了理论之后，一步步照做，用的是我亲自栽种的稻谷。然而我精心酿造的酒，我认为是绝世佳酿，有的客人喝了却坏了肚子，我自己虽然没有坏肚子，也觉得味道有点儿……甜到齁。无奈，我只好暂时放弃了这门技艺，专心吟醉诗、画醉画、填醉词、写醉书。

为什么说暂时呢？因为我不是个容易认输的人呀！后来我被再贬至岭南惠州的时候，又用岭南的酿酒方法酿了一种“真一酒”，只用白面粉、糯米、清水三种原料酿造，酒呈玉色，香味自然。除了真一酒、用蜂蜜酿的蜜酒，我还尝试过加桂花酿的桂花酒，加天门冬酿的天门冬酒等，味道当然也逐渐好了一些。

白云左绕，清江右回，重门洞开，对着山林坐着发发呆，有什么不好的呢……这都是生活带给我的领悟。我不像过去那么冲动了，不管是写诗，还是生活，我开始追求一种平淡自然的味道。在民间、野地、好友和至亲的陪伴下，我觉得自己不仅获得了新的生活，也获得了新的生命。

万事如花不可期，余年似酒哪禁泻？

5 以《赤壁赋》问天地，借《定风波》笑平生

在黄州生活的这段时间，是我在艺术上大有长进的时期。我一生中许多重要的作品都是在这个阶段完成的，不管是诗词文赋，还是琴棋书画。童年时代父亲培养的艺术兴趣，到了黄州，我才有闲暇一一拾起。

定风波与赤壁绝唱

虽然我有了东坡，但是这是官府的地，我想来想去，还是得买一块属于自己的地，于是有人向我推荐了黄州附近的沙湖，这一块谷地很肥沃。朋友们陪我前去勘查，我们把这次行程当成一次小小的野游。结果走得正高兴，风雨忽至，朋友们笑闹着奔走，寻找躲雨的地方。我跟着跑了几步就慢下来，其实跑什么呢？反正前面也是雨。回来就写了这首《定风波》。

是的，这时候我面对自然界的风雨和人生的风雨，都已经能够很淡定了。我在写词的时候，想起了我的祖父，想起他在听闻我的

伯父、他的儿子高中进士后的淡然。这再一次印证我的骨子里是有祖父的基因的。

田没有买成，但这首词成了我的代表作之一。

三月七日，沙湖道中遇雨。雨具先去，同行皆狼狈，余独不觉。已而遂晴，故作此词。

莫听穿林打叶声，何妨吟啸且徐行。竹杖芒鞋轻胜马，谁怕？一蓑烟雨任平生。

料峭春风吹酒醒，微冷，山头斜照却相迎。回首向来萧瑟处，归去，也无风雨也无晴。

我回到我的书斋里，继续写书。这段时间，我潜心研究《论语》，用一年时间写成了五卷《论语说》，接着又开始完成老苏的遗愿，续写他没能完成的《易传》。

在黄州西北的长江之滨，有一些奇峭的山峦，其中有一座赤壁山，它通体呈红褐色，直插江底，山上还有亭台楼阁供人赏玩。我第一次乘船经过，看碧水与赤崖相映成趣，惊涛拍岸，就被惊艳了，立刻把此处封为我的“后花园”。

赤壁，容易让人想到三国时期的赤壁之战和赤壁之战中的那些英雄。实际上这个地方和那个古战场并没有什么关系，但是面对着开阔的长江，看江水卷起如雪一般的浪花，还是激起了我对英雄的感怀。谁没有像周瑜那样意气风发过呀，但是我这个曾经笑傲京城的才子，如今却功业未就，未老先衰，眼赤、痔疮屡发，左臂经常发麻，可以说是一身病痛。

可人生本来就是短暂的，周郎不也消失在历史的长河中了吗？

只有奔流不息的江水、长明的月亮，才是永恒的存在。想到这里，我用健康的右臂举起酒杯，敬了天地一杯，心中慢慢地释然。

后来我一次次到赤壁来玩，有时和幽默风趣的俗世朋友，有时和多才多艺的道士。元丰五年的农历七月十六，鬼节的第二天，我和杨世昌结伴来到赤壁泛舟，带了酒和洞箫。月亮很明亮，从东山升起，在斗宿和牛宿之间徘徊着。月光穿过白茫茫的雾气，洒落在江面上。我们的小舟随着水的波动轻轻颠簸，我有点儿醉了，微眯着眼睛听箫声，感觉自己飘飘悠悠的，像朝生暮死的蜉蝣那样寄生在广阔的天地间，又像一粒粟米在无边的沧海漂泊……我认识到自己是多么渺小啊，还好这江上的清风和山间的明月是属于我们每一个人的。

所以三个月后的月圆之夜，再来赤壁，我已经快活了很多。我和朋友们带上新捕获的鱼、珍藏多年的酒，唱歌，长啸，震得附近的草木发出窸窸窣窣的声音，远山也传来我们欢笑的回声。我实在按捺不住，从船上跳下，去攀登那陡峭的山崖。朋友们在身后惊呼，我大笑着，拨开野草，抓住虬龙一样的枝干，终于登顶。往上看，山高月小；往下看，水流深不可测。

山水让我敞开了心扉，也得到了艺术的领悟。我记不清自己去了多少次赤壁，反正每每有朋友来，就会小船载酒，饮于赤壁。我写了《念奴娇·赤壁怀古》《前赤壁赋》《后赤壁赋》，被文学史称为“一词两赋”。而赤壁上的怪石、奇树、月色，不仅入了我的文章，也成了我画画的题材。

开创文人画

远在襄阳的书法大家米芾听说了我的名声，不辞辛劳来黄州找我。他先去金陵看望了已经退休的王安石，然后再到我这，非常谦虚地说自己是学生。我招待这位书画奇才在我的雪堂住下，我也不回家了，两个人一连几天谈书论画，互相写字作画给对方看，经过的人可能在任何一个时间点都能听到我们兴奋的声音：

“这一点点得好！飘逸！”

“这兰叶文气！”

我甚至把珍藏许久不舍得拿出来的吴道子真迹就这么摊在了书桌上，两个人指指点点，品评、欣赏。几天的相聚，我们在彼此的启发下，感觉自己的水平又提高了一点点。

离别时，我拿一张大观音纸贴在墙上，画了一幅最拿手的竹石图赠给米芾，当然，他留下来的墨宝就更多了。

别人画竹的时候是一节一节画的，但我抿了一口米酒后，运用书法的技巧，从竹根一笔画到竹梢。这是文同生前教我的妙技。你想，竹子在生长的时候，也是整体的，不是一节一节长出来的呀！这么画，气脉流动，酣畅淋漓，再配以怪石，就有了意境。没错，这怪石也是我揣摩“怪石供”画出来的。所以这就是“东坡画”了，后来被称为“文人画”。

米芾在一旁连连称赞：“运思清拔，好！好！”

据说这幅画后来被王诜借去“欣赏”，大家都是朋友，怎么好不借，然而王诜也是个爱我的画如命的人，这一借就不还了。米芾气得要命，又没有办法。后来在写《画史》的时候，提到我这幅画，他又想起这事，狠狠地记上王诜一笔：晋卿（王诜的字）借去不还！

笑死我了！更让人笑死的是王十六。因为我大大咧咧的，对朋友也是有求必应，这秀才王十六竟然三年收集了两箱我的字画，比我自己留有的还多！当然他也是很宝贝我的书画的，他去汴京游学时，不能带走，想托身边人品比较好一点儿的人代为保管。后来觉得他爹勉强可以，就锁好了交给他。他爹哭笑不得："我们亲生父子之间，用得着这么防备吗？"

实际上，文人画早有渊源，比如王维就可以说是文人画的鼻祖，我不过是发扬光大了而已。

在黄州，我还写出了流传后世的《黄州寒食帖》，被称为"天下第三行书"。童年时我就开始学习王羲之的书法，而现在我的字，也几乎可以和他比肩了。

第十一章

千帆过尽后，一笑万山轻

仿佛“乌台诗案”的一百多天和黄州的五年只是梦一场而已，这一回，他们要喊我回去做国家栋梁。

1 黄州五年梦，挥手别东坡

一天，我在外面闲逛，忽然听到路边的草丛里传来微弱的啼哭声。我心想：怎么回事，是有人家的孩子丢了吗？我拨开灌木丛，看到一个灰扑扑的襁褓里，露出一张黄里发红的小脸，只有我的拳头大，眼睛还紧紧地闭着，嘴巴一张一合，似乎在找奶喝。我心疼极了，抱起来到附近的村子里到处问。但是大家要么都沉默着，要么摇头说不是自家的。最后还是村口酒肆的老板娘压低了声音告诉我："是村东那户人家丢的，女娃，没钱养！"

这就是现实的黄州，我把黄州当作世外桃源，然而它并非处处都是阳光，也有贫穷和野蛮的一面。经常有弃婴被丢在荒野里，且大多数是女婴，我心中非常难过，会捡回家去收养，最多的时候，家里有三十多个可怜的孩子，哭声响成了一片。但我知道这不能从根本上解决问题，我也不可能养活所有的弃婴，怎么办呢？我带头拿出钱来，又发动朋友和富户，资助那些贫苦人家每月六斗米，资助期限是一年。为什么是一年呢？一来，经费紧张；二来，在我的想象中，一个可爱的孩子，养了一年，骨肉亲情会更深了，那些人家也不舍得再抛弃了。我到处奔走，又上书官府，终于在黄州开了一家儿童福利院。短短两年，被我救活的弃婴就有好几百个。看着那些幼小的生命绽开笑脸，我知道自己就算伪装得再洒脱，也从来没有放下那份社会责任感。

而京城里的皇帝，也没有忘记我。

元丰七年（1084 年），我贬居黄州已经近五年。朝廷一直在争吵不休，以当权的大臣王珪为首的一批人一直在阻止皇帝重新起用我。但是正月的一天，神宗皇帝忽然发了一道“皇帝手札”，没有与执政的人商量，而是直接授予我检校尚书水部员外郎、汝州团练副使的职务。虽然听上去和在黄州没有什么变化，但是汝州离汴京只有两百公里，是一个消息灵通、交通发达的地方。皇帝诏令里有几句话感动了我：“苏轼黜居思咎，阅岁滋深，人才实难，不忍终弃。”

宋朝最高领导对我表现出来的珍惜和理解，就像冬天里的一把火，温暖了我。

我和陈慥、王齐愈等好朋友在东坡雪堂依依惜别，也和耕耘了四年多的东坡依依惜别，麦苗，我走了，柳树，我走了……黄州，终究不是我最后的归宿。

去汝州的路很长，中途我拐去筠州看了一下五年未见的弟弟。他在“乌台诗案”中为了保护我而遭牵连，被贬到了这个地方，做了个没有任何职权的酒监。

筠州离庐山不远，庐山，这是我心心念念的地方，据说陶渊明“采菊东篱下，悠然见南山”的南山就是庐山，而李白也曾经五次来过庐山。我想悄悄地在这里多待几天，与这些前代的诗人神遇一番，顺便等苏迈带着家人来和我会合。然而我一到山脚，就被人认了出来，他们奔走相告：苏东坡来了，苏东坡来了！真是“可怪深山里，人人识故侯”！

我在这个旅游胜地巧遇了佛印禅师，我们彼此慕名已久，但却没有见过面。他曾经给我写了信到黄州，我给他回赠了一块刚捡到的奇石。于是，我们俩再加上另一个僧人朋友参寥，几天来同游黄龙峰，一起泡温泉。

在庐山信步游览，从每一个角度都能看到不同的面貌。真正的庐山，到底是什么样子的呢？我在西林壁上题了一首诗。也许是和僧人们在一起时间长了，我自觉这首诗也颇有几分哲理和禅意。之所以看庐山面貌各不相同，可能就是因为我身处其中，没有跳出此山进行一个全面的概览吧。也许人生也是如此，我总觉得自己还没有真正地认识自己、认识这个世界。

2 与王安石和解

因为交通不便，车马舟船都很慢，所以每去往一个地方往往要花很长时间，但是这也极大地方便了朋友见面、聚会、游玩。“乌台诗案”之后这几年，我的心境和想法都发生了变化。我想，应该趁这个机会去金陵拜会一下已经退休的王安石，我们当年不和，只是政见不同，他的才华和人品，我是非常尊重的。

王安石接到我的书信，亲自到江边来迎接我。他骑驴而来，灰衣飘飘，拄着拐杖，看样子已经等了很久。我跳下船，深深地朝着这位老人鞠了一躬，嘴里说：“苏轼今天野服拜见大丞相！”他哈哈大笑说：“礼节是为我们这样的人而设的吗？”

也不知道为什么，就这样在远离朝堂的野外，一见面，我们彼此心中就全释然了。大概这就叫一笑泯恩仇吧，仿佛过去那么多的恩怨都不存在了。此刻，我们的身份，只是惺惺相惜的两个文人。

相聚的几天里，我们畅快地聊着历史、文学、家事、国事……虽然还是会一言不合争吵起来，毕竟他的外号叫“拗相公”嘛，但是友谊也迅速地增长起来。王安石甚至留我在金陵住下，我也被感动到了，于是真的到处去看田看地，可惜和在黄州沙湖那次一样，没有看到中意的，只好无奈地拜别了他。

在离开金陵前往仪征的路上，因为缺医少药，小儿子苏遁生病死在了船上。我悲痛欲绝，也不想去汝州了，只想找个地方隐居下来了此一生。善良而热情的朋友纷纷邀请我去和他们做邻居，弄得我有点儿为难，最终在老朋友蒋之奇的帮助下，我在他的家乡常州阳羡买到了一块肥沃的稻田。

于是我两次写信给皇帝，请求让我就此安居在常州。

我暂时如愿了。然而当我再次种种果树，喝喝酒，过上田园生活的时候，朝廷却又生出变故，而且风很快就刮到了我的头上。仿佛“乌台诗案”的一百多天和黄州的五年只是梦一场而已，这一回，他们要喊我回去做国家栋梁。

3 锦鲤附体，快速升迁

三十七岁的神宗皇帝去世了，我不敢相信，伤心了好几天，仍然疑心这是梦。然而九岁的小哲宗皇帝已经即位。王安石的政敌，当年反对“新法”的头号人物司马光，则被任命为辅政大臣，可以说是现在的“二号人物”。他一向知道“三苏”的名声，把我和子由都列进了推荐名单。

于是，我被一道道升迁令砸得晕头转向。

我在常州的果园里接到调令去登州，走了三个月，刚上任五天，就又被升为礼部郎中，召回京中。半个月后，我再被升为中书省的起居舍人，就是给皇帝写日记，参与朝廷大大小小的政务。三个月后，我升任中书舍人。半年后，我已经是三品重臣翰林学士了，负责起草圣旨……这元祐年的一开始，我就像锦鲤附体，升迁快得令我自己都回不过神来。当然，子由也和我一样，职位提升快得像坐火箭。我甚至还担任了帝师，就是皇帝的老师，每逢单日，就给哲宗皇帝上课，子由和我一起承担了这份辛苦而荣耀的工作。

一直赏识我的高太后赐给我一套紫金的官服、一条金腰带和一匹打扮得金碧辉煌的白马，因为我是她的公公仁宗皇帝亲自挑选的

“太平宰相”，她的丈夫英宗皇帝生前最想重用的人，也是她的儿子神宗皇帝念念不忘的大臣。然而，木秀于林风必摧之，不到一年，心直口快又受到重用的我，就又得罪了不少人，甚至和提拔我的司马光也常常意见不合。他实在是太较真了，也不懂得变通，气得我经常直呼他“司马牛司马牛”。

“司马牛”也不高兴。一般开会，大家都是静坐着听上司发言。但是我有了想法就想表达，有时候会忍不住打断他。有一次，我说：“您就不能让我们也说几句吗？”

他点点头让我说，于是我就口若悬河地说起来。我说得正高兴，他却站起身，慢慢向屏风后面退去——跑了！根本不听我说话。上司这么不买账，你说尴尬不尴尬？但是我仍然从心底敬佩他，他对待工作太认真了，甚至到了呕心沥血的地步，可惜只做了一年宰相，就猝死在办公室里，这真是国家巨大的损失啊！

而另一方面，与我是同年进士的章惇，是司马光的政敌，在凤翔时我们关系曾经很好，我夹在他们两个之间常常左右为难，只能回到家和子由相对苦笑。子由比我升迁得更快，此时已经是门下侍郎了，相当于副宰相。

我们两家的宅院离得很近，再也不用写信写诗倾诉思念之情了。兄弟相聚的时光心情总是很好，五十多岁的我都发胖了，还有了小肚子，把妻子朝云笑得说我有“一肚子不合时宜”。

少了颠沛流离之苦，多了闲暇时间，我迷上了手工。我觉得乌纱帽戴起来不是很方便，于是就自己设计了一顶帽子，高筒，短檐，没想到我戴了没几回，就有人仿制。我家仆人在外面买菜看见街上好几人戴着我的同款，气喘吁吁地回来告诉我，而且说这帽子有了名字：子瞻帽。好吧，也算是我的标志了。他们之所以流行戴这个帽子，是因为人们说我有学问，戴了与我同款的帽子考试，必能中举。这帽子既是满腹学识的象征，也是升官发财的预兆。哈哈，我都成了吉祥物了。

这一时期，我的好朋友米芾也来到了汴京。天才都有点儿怪癖，他也喜欢奇装异服，而且自创了一种高筒帽。高到什么地步呢？顶着帽子，轿子都坐不下，那怎么办呢？好办，那就把轿顶拆了！你想一下，米芾戴着一顶高帽子，坐在拆了轿顶的轿子里，脑袋一耸一耸的，真是一个极有趣的场面！

4 执笔领风骚，授业育英才

“苏门四学士”

现在，我在诗文创作上的名声可以说是越来越猛，几乎取代了欧阳修，成为新的文坛领袖，慕名而来的儒生多如过江之鲫。这些年来我收了很多弟子，其中四个最有出息的被称为“苏门四学士”，我们既是师生也是朋友。他们的长处和特点都不一样：黄庭坚诗歌写得好，秦观是婉约词的高手，张耒、晁补之擅长写议论文，但我都很欣赏和重视他们。

我虽然于诗书画论都有一些成就，但是不会强加自己的观点给学生，而是希望他们形成自己的风格。在各种场合，我都鼓励学生各抒己见，有话直说，这可能就是后世“讨论课”的模式吧！

元祐二年（1087 年），秦观进京赶考，来我家拜会。当时我正好读到他的畅销新作，觉得意境非常清幽又有些柳永的风格，就随口问他怎么开始学习柳永的词风了，写得缠绵悱恻的。秦观很不服气地打断我，说他是清丽脱俗，根本不是柳永的“婉约派”风格，然后又气鼓鼓地怼我说：“老师，我虽然学无所成，但也不至于到那样的地步。”

好吧，我赶紧端起茶杯说：“喝茶喝茶！”心想，偶有几首词作像柳永其实也没问题呀！

黄庭坚同样是我的学生兼朋友，他的诗追求不俗的境界，但总是被我批评主题单一。而他也说我“诗句不逮古人”，还批评我肆意挥洒的文章是“未知句法”。

我们也经常在一起交流书法心得——非常毒舌，不留情面的那种切磋。我说他的字虽然清新劲拔，但是过于瘦弱，就像挂在树上的蛇一样。结果他回我：“先生的字我固然不敢加以评论，但是有些地方太局促，过于扁平，像石头下面压着的蛤蟆。”我的书体因此有了一个特别的名字——石压蛤蟆体。

我们的苏门组合，是以共同的理想和志趣为核心的，没大没小，气氛和谐，在幽默中互相道出对方的不足，互相学习，相互提高。

文人雅集

在汴京的这段时间，身边的朋友中，有许多一流的大师和艺术家，我们经常在一起雅集，品评诗文、书画，还创造性地把这三种艺术形式结合了起来。文人画这种艺术形式就是在这个时期发展成熟起来的。

我们的文人雅集也成了汴京最风雅的事。

《西园雅集图》就是我的朋友、书画大家李公麟画的。公麟的诗写得极好，至于画作，更是被称为“宋画第一人”。他画什么都好，尤其擅长用白描的手法画人物画。有一次他酒后兴起，要为我作画。画中我头戴一顶黑帽子，就是我的标志性服饰——子瞻帽，穿着一袭道袍，手拿藤杖斜坐在石头上，我也非常喜欢。

我们的雅集就是在一起喝茶聊天，切磋技艺。当时我们十六个人在王诜的大宅子里聚会，有个穿着黄色道袍正在写字的背影就是我。王家的院子里小桥流水，竹影婆娑，芭蕉摇曳，灿烂的夕阳斜照在露天的茶席上，真可以说是不可多得的良辰美景。米芾也参加了这次雅集，还写了一篇《西园雅集图记》。

我的宅子虽然不豪华，但是朋友们也很喜欢来玩，喝喝酒，品品茶，你写诗，我题字，他画画，大家合作完成一幅文人画。每当朋友们来，我会毫不吝啬地拿出平时不舍得用的澄心堂的纸、宣州的诸葛笔、唐代的名砚，让大家笔落风雨，尽情挥毫。说起题诗款，我一直懊恼惠崇和尚一幅叫《春江晓景》的画，不知道被谁收藏了去，再也没看见过，我还特意题了两首诗，其中一首就是大家熟知的“竹外桃花三两枝，春江水暖鸭先知。蒌蒿满地芦芽短，正是河豚欲上时”。

我写的时候很动情，因为勾起了我在杭州的美好回忆：竹林外的三两枝桃花已经开放了，鸭子在温暖的江水中嬉戏，总是它们最先感知到春天的到来。而河滩上也是春意盎然，芦笋开始抽芽，河豚逆流而上，洄游到江河里。

朋友笔下美好的画面，缓解了我工作上的压力，也让我在一次次欣赏和题跋中，提升了自己的文艺修养。我写了大量的题画诗，既题写在自己的作品上，也为朋友题画，甚至在一些古画上也留下了自己的鉴赏笔墨。

有人问我什么是大师，我是怎样成为大师的，答案就是：才艺越多越好，而且必须要活到老学到老！谁也不知道我在背后下了多少功夫，才有了今天的成就。

现在，我不再口无遮拦了，但喜欢用诗词、书画，甚至在日常生活中运用戏谑的手法进行文雅的调侃。我把溜须拍马的人比作填痔疮的鼠辈，骂昏庸无能不干事的人为酒囊饭袋。这种当众嘲讽人的习惯，终于还是为我带来了祸患，使我在官至三品之后，又一次在京城待不下去了。尽管高太后把我喊去喝茶，还送了我一盏金莲花的烛台，但两年后，我还是含泪离开了这个充满是是非非的“京圈”。

5 苏公堤上，东坡肉香

元祐元年（1086 年）九月，司马光去世了。他生前我们政见不合，但是他和王安石一样，是个光明磊落的君子，所以他在位的时候，我没有受到政治斗争的牵连。但他去世之后，我很快被卷入了“洛蜀党争”之中，这使我心力交瘁，现在也不愿意过多地去回忆。虽然好朋友多，但是不愉快的工作使我一心想离开，所以我多次上书请辞。于是，回到汴京四年之后，我再一次外调，这一次的职务是龙图阁学士兼杭州太守，比十五年前的杭州通判，官大一级。

杭州这段时间风雨不顺，先是水灾导致粮食歉收，然后疫病流行，幸亏我想起了当年眉山的好朋友巢谷给过我的一个药方“圣散子”，能够治疗腹泻肚子疼、发烧恶寒，一试果然灵验，救了千万百姓的性命。

我担心穷人看不起病，于是从公款中拨出两千缗资，又自掏腰包出了五十两黄金，建了中国第一所公立医院“安乐坊”，三年之内治疗了一千个病人。后来此医院迁到西湖边，改名为“安济坊”，在我离开杭州后，还照常为人治病。别人都说我了不起，但是一个负责任的父母官，不就应该想着老百姓嘛？

我在做通判的时候曾经疏浚过六井，十多年过去，六井再次堵塞，于是我找到了当年参与疏浚的一个和尚，他现在已经七十多岁了，请他再次主持治理六井的工作。我们把当年用来引水的毛竹管换成了瓦筒，还在北郊难以取水的地方又挖了两口新井，也铺设了水管与西湖相连，让西湖的甘水滋润全城。我又花了半年时间，雇用农民，调集军队，疏浚了连通着大运河和钱塘江的两条河——茅山河和盐桥河，既解决了交通问题，通畅的河道也缓解了旱灾和水灾。

当然，满是水草的西湖也要好好治理。于是从元祐五年（1090年）春天开始，我把办公室搬到了石佛院，亲自带领百姓挖掘湖底淤泥。因为西湖中淤塞的地方多达二十五万丈，我就想出了一个两全其美的办法——在湖中用湖草和淤泥筑造了一条长堤，南起南屏山，北到栖霞岭。这样不仅美观、省力，而且以后南北来往再也不用绕路了。我对这个工程充满了期待，所以日夜都在工地巡视、帮忙。端午节那天，杭州百姓给工地送来好多猪肉，这让我想起我在黄州发明的东坡肉，于是就在工地支起大锅，用我的专属配方炖制了起来。从此杭州有了一道风景优美的长堤苏公堤，一个叫作“苏堤春晓”的著名景点，还有了一道香味扑鼻的名菜东坡肉。

刚到杭州的那半年，因为实在太忙了，我只写了三首诗。等城市治理得差不多了，我也有了闲情赏花会友，泛舟西湖。我的官舍叫“高斋”，虽然不豪华，但是充满了书卷气和朋友们高谈阔论的声音。当时，两浙兵马都监刘景文经常来找我喝酒，他是一个品性高洁的才子，我称他为“无双国士”。他一直不受朝廷重用，于是在对着西湖把酒赏景的时候，我写了一首诗送给他，赞美他身上名士的气度，很励志地告诉他，枯荷可以听雨，残菊也能傲霜，对，就是下面这首《赠刘景文》：

荷尽已无擎雨盖，菊残犹有傲霜枝。

一年好景君须记，最是橙黄橘绿时。

第十二章

问汝平生功业，黄州惠州儋州

人不仅要从书本中汲取力量，也要从生活中得到养分，有高尚的追求，但也不要失了血肉之躯。

1 两年三知州

时光飞转，我第二次在杭州的任期已满，百般不情愿地应召回京。虽然掌权当政的高太后很欣赏我，但是那些嫉恨我的小人也从未停止排挤我、打压我。果然，又是因为写了一首针砭时弊的诗，我被几个不怀好意的御史折腾得够呛，三个月后，京城的板凳还没有坐热，我就再次被外调，任颍州知州。

仿佛这大半生总是在路上，舟行、车行、马行，甚至步行，还好处处都有看不够的春花秋月。颍州更是老师欧阳修养老的地方，而且也有个湖叫西湖，所以我对自己能去这个地方还是很高兴的。在这里，我——官场上的苏轼，又化身成了山水间的苏东坡。我想起老师“六一居士”的别号，也为自己规划了做个闲人的快活图景。

但是一切都由不得我自己说了算。

短短两年，我在三个地方做了知州。我在颍州任上没多久，就又从颍州到了扬州，我刚刚爱上扬州，却又被召回做兵部尚书，兼任小皇帝的老师——小皇帝并不好带。

其实我已经对京城有了阴影，这里远没有做地方官自在，是一切风暴的中心，而且也是我每一次不幸和打击的源头。这回同样如此，我再一次被谏官盯上了，他们说我仗着自己有才华，诽谤先帝。之后随着高太后的去世，五十多岁的我和子由被一再弹劾、贬谪、构陷，曾经的朋友章惇成了一个恶毒的政客，像疯了一样打压我，不仅如此，还牵连到我的许多门生，他们也都被一一贬黜。

我知道真正的原因还在我自己身上：神宗皇帝时，我因为反对王安石变法被新党贬斥。好不容易熬到神宗皇帝去世，旧党上台，我却反对彻底废除王安石的新法，于是仕途再遇障碍。当然最倒霉的还是我的学生。哲宗皇帝亲政后，新党再次上台，我被连贬了四次，最后被流放到两千里外的惠州，官职也降为宁远军节度副使，没有任何实权。

据说那里瘴气横行，条件艰苦，他们这是想让我去死。

2 最是烟火慰人心

绍圣元年（1094 年），命运的飓风将我吹往惠州，我遣散了所有的仆人，带着小儿子和朝云，再一次踏上天涯羁旅。半年里，我们历经了各种艰难险阻，前路茫茫，但也海阔天空。

在路过大庾岭的时候，云雾缭绕，恍若仙境，我想起这里是道教祖师葛洪成仙的地方，一下子活泛起来。风吹过，好像是“仙人抚我顶，结发受长生”。既然工作没意思，我决定，从此要专心学道了！

学学陶渊明吧，“甚欲随陶翁，移家酒中住”，认真地过好每一天吧。我又自建了一间小屋，叫“思无邪斋”，从童年时代的南轩、来凤轩，到雪堂、高斋，再到这间思无邪斋，不管生活如何变化，书房是一定要有的，因为这是我思想成长、精神输出的重要地方。

读书累了，我会走出这间寂静的小屋，到后山去散步。山顶上有一座视野开阔的松风亭，我常常在那里休息、发呆；而山脚下则有一个石头水潭，天气好的时候，我会去那里钓鱼。这都是一些美好的虚度时光的方式。

我的“真一酒”也是在这段无所事事的时间里酿成的，后来我还酿出了味道更好的桂花酒——这可是一个隐士的秘方！

惠州气候潮湿温暖，清苦的日子一天天延续着：缺蔬菜，更缺肉。我给子由写信吐槽，告诉他惠州菜市场简直没什么卖的，但是每天会杀一只羊，就一只。羊肉在我们宋朝皇家的地位特别，连皇族都有规定，不允许食用太多山珍海味，御膳房只用羊肉就够了。作为被贬斥的罪官，我不敢与当地权贵争抢好的羊肉，于是私下嘱咐杀羊的人，给我留下没人要的羊脊骨即可，这些骨头好歹也有一点儿羊肉。

我隔三岔五买一点儿羊脊骨回家，发挥我苏大厨的绝妙厨艺：先将羊脊骨彻底煮透，再用酒浇在骨头上，点少许盐，用文火慢慢烘烤，等待骨肉微焦，就可以开吃了。我和儿子一致认为，在羊脊骨间摘剔碎肉有吃海鲜虾蟹的感觉。

我开玩笑地对子由说："你生活优渥，饱食好羊肉，把牙齿都陷进去了也碰不到羊骨头，怎么能明白这种美味呢？"

怕子由担心我，在信末，我又幽默了一把说："这种吃法是不错，只是每次自己把骨头上的肉剔光了，围绕在身边的几只狗都很不开心，眼巴巴地看着我。"

说起羊肉，我想到朋友韩宗儒也酷爱吃羊肉，可惜家里穷买不起。韩宗儒就把我写给他的信送给殿帅姚麟，然后能一次换十几斤羊肉。看来我的字还是很值钱……不，很值羊肉的。自从发现了这个好办法，韩宗儒就不断给我写信，让我回信。次数多了，终于有人告诉了我："东晋时候的王羲之用字和道士换鹅。现在你的字被人拿去换羊肉了。"我听完大笑。之后不久，韩宗儒又让仆人给我送信，并要求把回信快点儿拿回来。仆人见到我，一再催促我回信。我这次想逗逗他，笑着说："你回去说，今天屠户休息，没肉吃了。"

人在困境中会得到许多灵感，偶尔得到一点儿羊肉，我都会想尽办法让它变得加倍好吃。于是我发现杏仁茶和羊肉同煮，不仅滋补，而且味道天下第一；而羊肉和胡桃合煮，能消除膻腥，只留下美味。

人不仅要从书本中汲取力量，也要从生活中得到养分，有高尚的追求，但也不要失了血肉之躯。

这个道理是好朋友佛印告诉我的。他在丹阳金山寺仍对我牵肠挂肚，给我写信说："子瞻中大科，登金门，上玉堂，远于寂寞之滨。权臣忌子瞻为宰相耳。人生一世间，如白驹之过隙，二三十年功名富贵，转盼成空，何不一笔勾断，寻取自家本来面目。……子瞻若能脚下承当，把一二十年富贵功名，贱如泥土。努力向前，珍重珍重！"这是什么意思呢？意思是功名富贵都是会消失的，不要留恋它，而是应该听从内心的召唤去积极地自由地生活。

另一个僧人朋友参寥也来信安慰我，让我高兴了好几天。我给他回信说："流放无非像灵隐寺的方丈退院，住小村子吃糙米饭而已。惠州特有的瘴气也不可怕，无医无药也不要紧，我身体好着呢。"

惠州肉食少，但是水果多。"罗浮山下四时春，卢橘杨梅次第新。日啖荔枝三百颗，不辞长作岭南人。"我的这首诗大家都会背吧？惠州对于爱好美食的我来说，是一个天堂。我在市场上发现了一种甜蜜多汁、洁白光滑的南国水果，就是唐诗里“一骑红尘妃子笑”的荔枝，吃完嘴巴里甜甜的，一高兴就挥笔写下了这首诗，实际上荔枝根本不能狂吃，我就吃上火了。

罗浮山下四季如春，除了荔枝，还有杨梅、枇杷，而且都是现摘现吃，新鲜极了。

就像在杭州、黄州一样，我很快也交到了一批各种阶层的朋友，他们经常带着米、酒、菜来看我，而我也再次以“此心安处是吾乡”的心态，把惠州当成了自己的家，到处筹款给它造了一座东新桥。我还在这个瘴毒弥漫的地方种起了草药，在树木成林的白鹤峰买了一块地，准备建造属于自己的新家。但是我种了那么多草药，还自己钻研起了医术，却没能挽救朝云的生命，年轻体弱的她，死于此地流行的瘴毒。

新居建好了，种下的橘树和荔枝树也成活了，爱人却不在了，陪伴我的亲人，只剩下小儿子苏过。

3 一生不羁，一生无悔

被贬儋州

半年后，苏迈也带着全家千里迢迢来到了惠州。在他们的陪伴下，我的心情渐渐地好了起来。为了不让大家担心，我欣然纵笔，写了一首小诗："白头萧散满霜风，小阁藤床寄病容。报道先生春睡美，道人轻打五更钟。"

这首小诗很快传到了京城，又被那帮惦记我的小人看到了，章惇恶狠狠地说："看来苏轼到了惠州还是过得很快活呀！还春睡美！哼哼，那就把他再贬到更蛮荒的海南儋州去吧！"

看看，我当年对章惇"能杀人"的预测真是太准确了，没想到他居然对我下狠手。

命运的齿轮再次转动，六十一岁的我，以为被贬到惠州已经是最大的不幸，谁知道，还有更大的不幸！到了天涯海角的儋州，我还能活下来吗？还能回到故乡吗？还能看见我亲爱的弟弟吗？

想着那个遥远不可知的地方，我一圈圈地磨墨，写下了思考了几天几夜的遗嘱，泪水打湿了宣纸，一缕斜阳照在化开的墨迹上。

写完我又抽出一张纸，用颤抖的手勾画了自己的背影：腰微微地弯着，头发稀疏。最后的题款是“元祐罪人写影，示迈”。又托人画了一幅画像，一起留给了苏迈。他们搬进了白鹤新居，我带着苏过，登上了前往海南的小船。

海天茫茫，一只孤雁掠过船头，扇动着翅膀，消失在灰色的烟云之间。我拄着竹杖站在船头，不知怎么想起了年少时，在嘉州渡口遇到的那个末路英雄郭纶，霎时间，老泪纵横。

子由也同样没有逃脱二次清算，被贬到了雷州。我们俩想办法同路了一段，把行程放得慢到不能再慢。我们谁都没有说，但是心里很清楚，这应该是这辈子，兄弟俩最后一次的相聚了。

到了不得不分别的时候，我立在船上，江风鼓荡起空落落的衣袍，他站在岸边，两鬓斑白，张嘴却说不出一个字来，我们用悲戚的目光久久地对视着，不愿错开，直到眼里蓄满了泪水，彼此的身影都在夕阳里模糊了。

这是我少年时的同桌，我血脉相连的兄弟啊！

阳光止饿法，学“外语”

儋州可以算是我见过的最荒凉悲惨的地方了。年老体衰，加上长途水路颠沛流离，一到这个可怕的地方，我就病倒了。

破旧的官舍里，我靠在布满白蚁尸体的床柱上，养病、静坐、发呆，养病、静坐、发呆，养病、静坐、发呆。吹进破门窗的海风，苦涩、潮湿、腥咸。

我越养越瘦，在惠州时还能吃点儿羊肉碎屑，到了这里，就彻底没有肉了，不，也有——蝙蝠、老鼠、蜈蚣、蛤蟆……据说子由在雷州情况也差不多，所以他去了之后，吃那些东西经常呕吐，体重轻了很多。我情况不比他好多少，但是作为哥哥，不想让他太担心，就告诉他我偶尔会吃一点儿蛙肉，已经能吃熏鼠了。熏鼠——其实我提笔写出这两个字，就干呕了一下。

最后我开玩笑地说，这样也没什么不好，以前五天一顿花猪肉，十天喝一次黄鸡粥，我们都吃腻了不是？未来某一天我们兄弟俩可能都会瘦成仙人，然后骑在黄鹄身上飞到家乡去。

除了肉，我还想吃点儿米饭，但是儋州人不耕作，吃的主食是番薯，偶尔有稻米，都是从琼州运过来的，很不容易。吃惯了美食的我，标准在这里一降再降，后来，我只想每餐能吃饱，随便吃啥都行。

怎么办呢？我又发明了一个阳光止饿法：面朝太阳做深呼吸，然后把口水咽下去，把热能转化为体能。别说，练了一会儿，我有气无力地打量了一下身旁的苏过，他脸色红润了一点儿，似乎还真有那么点儿效果？

没得吃，我又想起乳娘的“咸肉解馋法”，于是写了那首《老饕赋》。老饕就是特别爱吃的人，资深吃货。我开始用美妙的想象来给自己下酒：烹调用的水要新鲜，碗等用具一定要洁净，柴火也要烧得恰到好处。有时候要把食物经过多次蒸煮后再晒干待用，有时则要在锅中慢慢地文火煎熬。吃肉只选小猪颈后部那一小块最好的肉，吃螃蟹只选霜冻前最肥美的螃蟹的两只大螯。把樱桃放在锅中煮烂煎成蜜，用杏仁浆蒸成精美的糕点。蛤蜊要半熟时就着酒吃，蟹则要和着酒糟蒸，稍微生些吃。天下这些精美的食品，都是我这个老食客所喜欢的。

写着写着，我又开始想念自己在黄州发明的东坡羹了，但在海南就算了吧，用大头菜、萝卜和陈米乱炖一点儿稀粥，就是美味了。

住的地方也比吃的好不了多少。东西都发霉了，破旧的官舍竟然会漏风漏树叶，雨就更别提了。外面下大雨，屋里下中雨，外面下中雨，屋里下小雨。有一天我半夜醒来，满身都是湿漉漉的黄叶。

生活条件还能忍，最不能忍的是在这个偏僻的海岛上，没有朋友，没有书籍，也没有笔墨纸砚。我有那么多诗文想要写出来，但是，只能静坐悟禅，精神上就像在坐牢一样。

而且和当地黎人的语言也不通，为了能和他们交流，我只好开始学习“外语”。聪明的我呀，不久以后，就能唱几句神奇的儋州古调了。黎人能歌善舞，我们高兴的时候，就通宵达旦地跳舞，我也会教他们我熟悉的眉山话。在这种密切的往来中，我又交到了很多朋友，也开始在儋州的城里和乡下漫游。儋州雨很多，当地人送了我斗笠和木屐。我一个昔日的大学士、皇帝的老师，如今真正成了“黎民百姓”。

有一天，我顶着个大西瓜，慢悠悠地走着，嘴里哼着黎族小调，遇到了一个老婆婆，她目不转睛地盯着我看，忽然说出一句非常有哲理的话，她说我“昔日富贵，一场春梦”。天哪，太准确了，从此我见到她就喊她春梦婆。

椰子帽海南支教

半醒半醉问诸黎，竹刺藤梢步步迷。

但寻牛矢觅归路，家在牛栏西复西。

儋州的房子家家户户都差不多，有一次我多喝了几杯，又有点儿蒙圈，在踏着夕阳归家的时候迷路了，于是就吟了这么一首诗。

我告诉朋友这个地方“食无肉，病无药，居无室，出无友，冬无炭，夏无寒泉”，但是“尚有此身，付与造物，听其运转，流行坎止，无不可者”。

有很多朋友来看我，参寥，巢谷，内弟王元直……但都因为路途遥远、气候恶劣发生了意外甚至死去，我听到这些消息非常难过。而雪上加霜的是，虽然我们已经过得如此“苦中作乐”了，朝廷的那些小人还不肯放过我，竟然派人把我和苏过从那破败的官舍中赶了出去。

于是我们俩就商量着在城南的桄榔林下随便盖几间遮风避雨的房子。挖地挑土的时候，我想起黄州的东坡和东坡的雪堂，心里很不是滋味。当地的朋友非常热心地加入了我盖房子的大军，最后盖成的房子竟然意外地漂亮，很富有当地特色，一排五间，我给它取了个名字叫“桄榔庵”。其中有一间做了书房兼教室，我自己动手编写了简单的教材，希望能把自己的平生所学，一点点传授给这个有待开化的小岛百姓。既然命运让我流离失所到此地，我就应该做些什么，比如成为文化传播的使者。

有了固定的居所，我还在附近开垦了一个菜园，修了水渠，挖了水井。在比黄州更艰苦的环境里，菜收获了，我又喜悦，又不舍得吃，“人间无正味，美好出艰难”啊！

苦中作乐一直是我的拿手好戏，发现美食也是我的强项。有一天，我和苏过在高高的椰子树下练完阳光止饿法，忽然发现了树上有圆圆的果实，似乎见当地人拿弯刀割开来吃过。我们也立刻想办法砸下来两颗，满头大汗地打开。天哪，虽然里面只是水，但是好清甜啊。喝完水，发现还有一层嫩嫩的、香香的椰肉可以刮下来吃。这一层刮掉，就剩下坚硬的外壳，无论如何也没法吃了。苏过拿在手里旋转着，突发奇想，沿着开口又挖大一圈，做成了一顶椰子帽。我觉得很好玩，接过来戴在头上，不大不小，正正好！这让我想起当年在京城自己发明的乌纱子瞻帽了。俱往矣，到了这个荒岛，就戴本色的椰子帽吧！

我命运的几次转折点好像都是出现在皇帝英年早逝的时候。元符三年（1100 年），二十四岁的哲宗皇帝去世了。宋徽宗即位，大赦天下。我们这些元祐大臣得到了赦免，纷纷内迁，我也接到命令，可以离开这里，到琼州去了。

三年过去，我已经饿得瘦成了麻秆儿，还被海边的阳光晒得黑黑的，有了一点儿儋州人的样子。我对这个地方也有了家的感情。

每一次和当地的朋友分别都是最痛苦的事。这一次也是如此，我用颤抖的手，写下了《别海南黎民表》，它不是我诗中写得最好的，但却是最真挚的。

我本儋耳人，寄生西蜀州。
忽然跨海去，譬如事远游。
平生生死梦，三者无劣优。
知君不再见，欲去且少留。

是的，六十多岁的我，四海为家，一路上爱上杭州、徐州、黄州、惠州，甚至是这么艰苦的儋州，但是我也越来越思念故乡和童年，思念我启蒙的书房南轩，思念我丁忧时在父母妻子墓园里种下的那万棵松树。

离开的路是分别的路，也是重聚的路，我渡过琼州海峡，在徐闻见到了得意门生秦观，谁知道两个多月后，他就不幸病逝了，我难过得整整两天什么也吃不下。

有一次，我在路上不断接到朝廷的诏令，一会儿让我去琼州，还没到又改为“永州安置”，还没到永州，又接到诏令说我可以随意去自己想去的地方了！一时间我简直有点儿不敢相信，我这只破旧的风筝，终于断线了，自由了！

我兴奋得简直有点儿慌张，一时都没有了方向，就这样在各处走走停停，走走停停，一直到金陵的时候，还没有想到到底落脚在哪里好。弟弟来信邀请我去他所在的颍昌定居，我既思念他，又有点儿不想去，颍昌离汴京太近了！危险！可怕！

我把行走的脚步放得更慢，约了几个朋友重游金山寺。金山寺还藏着当年李公麟给我画的像，那是我在汴京鲜花着锦的时期。看见画像，我感慨不已，忍不住自题了金山画像：“心似已灰之木，身如不系之舟。问汝平生功业，黄州惠州儋州。”

在继续前行的路上，我又得到一个大惊喜：多年不见的米芾在真州办了一个画院，我们他乡遇故知，回想起在黄州东坡雪堂那些谈书论画的日夜，再互相看看对面年迈而衰弱的老头，摇头笑着，笑出了眼泪。

颠沛流离几十年的我，已六十五岁的我，在离开儋州几个月后，见了许多朋友，走了很多路，得到了久违的自由，也最终，一病不起。

我知道我要和这个我爱过的世界告别了。我的书画诗词，我的人生故事，将在人间流传；而我的灵魂，将回到童年，回到眉山。

附录

苏轼

部分入选教材的诗词文

赠刘景文

苏　轼

荷尽已无擎雨盖，
菊残犹有傲霜枝。
一年好景君须记，
最是橙黄橘绿时。

（入选部编版语文教科书三年级上册）

刘景文是谁呢？他原名叫刘季孙，字景文。这首诗作于元祐五年（1090年），此时苏轼在杭州当地方官，刘景文当时已经五十多岁了，也在这里当官，只不过苏轼当的是文官，刘景文当的是武官——两浙兵马都监。这位武官可不是一个粗犷的人，而是有文采的，博学能文，常常与苏轼相互写诗、赠诗。刘景文的父亲刘平，是个战斗英雄，在北宋与西夏的战争中牺牲了。这么一个文武双全、才华横溢的人，同时又是英雄的后代，苏轼对他是很敬佩的。他曾为刘景文写过推荐信，跟朝廷说这个人了不起，应该给他升官。《赠刘景文》写于杭州，写的是什么时候的景色呢？写的是初冬的景色。这首诗里的所有景物，都在告诉我们季节。“荷尽”“菊残”“橙黄橘绿”，都说明是深秋初冬。苏轼说，“荷尽已无擎雨盖”，意思是再也看不到“一一风荷举”的样子了，因为荷叶都已凋残。苏轼想用内外兼修的初冬景象，去勉励刘景文。虽然秋末一片萧瑟，但也是硕果丰收的时节，以此说明人至中年，虽青春不再，但人生阅历丰富，是大有作为的人生阶段。

饮湖上初晴后雨

苏　轼

水光潋滟晴方好，
山色空蒙雨亦奇。
欲把西湖比西子，
淡妆浓抹总相宜。

（入选部编版语文教科书三年级上册）

对善于领略自然美景的苏轼来说，西湖无论是晴天还是雨天，都拥有独特而美好的风景。诗中的“晴方好”“雨亦奇”这简短的六个字，是对西湖美景的极高赞誉。而“欲把西湖比西子，淡妆浓抹总相宜”这两句诗，更是诗人妙笔生花，用了一个奇妙而又贴切的比喻，精准地捕捉到了西湖的神韵。诗人之所以拿西施来比西湖，原因有三：一是西子的家乡离西湖并不遥远，同属古越之地，地域上的相近让两者有了天然的联系；二是西子、西湖，名中都有“西”字，读起来朗朗上口，叫起来自然天成，给人一种和谐统一的感觉；但更主要的是，她们都具有天然美的风姿，西施以其绝代风华闻名于世，西湖则以秀丽的自然风光著称，这种天然之美让两者相得益彰。这个比喻得到了后世的广泛认可和传颂。从此，“西子湖”便成了西湖的一个别称，流传至今，成为人们对西湖的又一美好称谓。

惠崇春江晚景

苏　轼

竹外桃花三两枝，
春江水暖鸭先知。
蒌蒿满地芦芽短，
正是河豚欲上时。

（入选部编版语文教科书三年级下册）

这首诗乃题画之作，生动勾勒出画中春日的细腻景致。“春江水暖鸭先知”又体现了科学观察与诗意的结合。诗句的精妙之处在于诗人沉浸其中、忘却自我的童真趣味，想象鸭子享受着暖水，苏轼的神情大概如孩童般愉悦满足。这般天真有趣之人，才会由遍地嫩绿的蒌蒿联想到美味的河豚，作诗时的苏轼想必已垂涎三尺。此时的苏轼，已历经乌台诗案的磨难与黄州之贬的挫折。年近半百的他，却毫无阴霾，依旧保持着灵动活泼的性情，这或许正是这首小诗蓬勃生命力的根源所在。

题西林壁

苏　轼

横看成岭侧成峰，
远近高低各不同。
不识庐山真面目，
只缘身在此山中。

（入选部编版语文教科书四年级上册）

庐山到底是什么样子的呢？这首《题西林壁》就是苏轼对庐山的总结。“横看成岭侧成峰”。什么是“岭”？岭是起伏相连的山。什么是“峰”？峰是高而尖的山头。那什么又是“横看”呢？庐山是南北走向，横看就是从东边或者西边看过去，看到的是一系列连绵的山岭。什么又是“侧看”呢？侧看就是从南北两头看过去，这时候你看不到整座山，而是看到了高耸的山头。从不同的角度看过去，庐山有的时候起伏连绵，有的时候又山势峥嵘。这首诗最大的妙处，就是即物说理。

苏轼历经坎坷，为什么能够如此潇洒？除了性格达观之外，还有一点，他是个善于反思的人。政局让人摸不清头脑，可是，回过头来一想，自己也是局中人，也曾经当局者迷。既然如此，为什么不能跳出纷争，更达观一些呢？这就是宋朝人的理性。这种理性，不仅属于朱熹这样的哲人，也属于苏轼这样的诗人。

六月二十七日望湖楼醉书

苏　轼

黑云翻墨未遮山，
白雨跳珠乱入船。
卷地风来忽吹散，
望湖楼下水如天。

（入选部编版语文教科书六年级上册）

这首诗细腻地描绘了诗人在西湖边望湖楼上饮酒时所见的山雨欲来与雨后初晴的景色。诗人巧妙地渲染气氛，从乌云逼近湖面的紧张气势，到大雨倾盆的壮阔场景，再到雨后云散天晴、湖光山色相融的宁静画面，用笔起伏跌宕却从容自如。短短四句诗，生动地展现了天气变化的迅速，令人应接不暇，充满戏剧性，尤其是“白雨跳珠乱入船”一句，形象传神，仿佛让人置身于那场暴雨之中。

同样是描写雨，杜甫在《春夜喜雨》中以“随风潜入夜，润物细无声”，细腻地勾勒出成都春夜细雨的温柔与静谧，让人感受到细腻入微的美；而苏轼的《六月二十七日望湖楼醉书》则将杭州夏日的骤雨描写得淋漓尽致，让人仿佛亲身感受到了那场狂风暴雨。“润物细无声”的夜雨温柔可爱，“卷地风来忽吹散”的骤雨刺激震撼，它们都在无形中培养了人们对自然的亲近与美感。

浣溪沙

苏　轼

游蕲水清泉寺，寺临兰溪，溪水西流。

山下兰芽短浸溪，松间沙路净无泥。萧萧暮雨子规啼。

谁道人生无再少？门前流水尚能西！休将白发唱黄鸡。

（入选部编版语文教科书六年级下册）

黄昏是一天的终场，子规的啼鸣宣告着春天的离去，而萧萧春雨又在加速这场告别。一般来说，词人在这就要开始感伤迟暮，慨叹生命了。但苏轼并没有这样。“谁道人生无再少？门前流水尚能西！”这两句相对于上片来说，是一个急陡的转折。这两句表明，作者不但没有出世思想，而且有强烈的入世思想。他借寺庙前西去的流水发挥，高喊出人生也可以重回年少的声音。你看，作者为了表达他人生可以返老还童，青春可以长驻的不服老思想，还以河水西流的现象来作为人生可以再少的论据呢。作者痛惜于时光的无端流逝，想有所作为，便发出了这样的呼喊。

记承天寺夜游

苏轼

元丰六年十月十二日夜，解衣欲睡，月色入户，欣然起行。念无与为乐者，遂至承天寺寻张怀民。怀民亦未寝，相与步于中庭。庭下如积水空明，水中藻、荇（xìng）交横，盖竹柏影也。何夜无月？何处无竹柏？但少闲人如吾两人者耳。

（入选部编版语文教科书八年级上册）

毫无疑问，苏轼最大的理想是致君尧舜、兼济天下，然而他的一生屡遭政敌打击，饱尝仕途险恶，所以他的文字中时常会有隐遁江湖、自由自在度过一生的愿望。他有词句道：“几时归去，作个闲人。对一张琴，一壶酒，一溪云。”纵观苏轼一生，这两个理想都没能实现，但他始终坚持。在宦海浮沉中，他总能找到机会，哪怕只是一时一刻，抽身出来，也要作个“闲人”。《记承天寺夜游》所记便是苏轼在被贬黄州时的“休闲”时光。此前经历了无比凶险的“乌台诗案”，从一个朝野瞩目、仕途顺畅的政治明星，转眼变成了一个险些被定为死罪、贬谪到黄州看管的戴罪之身，苏轼遭遇了他人生的第一个低谷，却也迎来了他文学创作上的第一个高峰。苏轼以其潇洒豁达的人生态度、豪迈开阔的胸襟，化解了政治失意的苦闷悲愁，在黄州留下了一段诗意人生的轨迹。

卜算子·黄州定慧院寓居作

苏　轼

缺月挂疏桐，漏断人初静。谁见幽人独往来，缥缈孤鸿影。

惊起却回头，有恨无人省（xǐng）。拣尽寒枝不肯栖，寂寞沙洲冷。

（入选部编版语文教科书八年级下册）

这首《卜算子·黄州定慧院寓居作》是苏轼初到黄州时所作，劫后余生的苏轼依旧心有余悸，字里行间皆可见其当时心中的郁郁之情。

全词描写了词人深夜独自漫步时的所见所感。词的上片，几个意象组成了寂寞清冷的世界。“孤鸿”是他心灵的投影。词的下片，最后一句表现了苏轼心境的孤独和志趣的高洁。这首词托物写怀，是作者对人生的反省，也是对理想的坚守。

水调歌头

苏　轼

丙辰中秋，欢饮达旦，大醉，作此篇，兼怀子由。

明月几时有？把酒问青天。不知天上宫阙，今夕是何年。我欲乘风归去，又恐琼楼玉宇，高处不胜寒。起舞弄清影，何似在人间。

转朱阁，低绮户，照无眠。不应有恨，何事长向别时圆？人有悲欢离合，月有阴晴圆缺，此事古难全。但愿人长久，千里共婵娟。

（入选部编版语文教科书九年级上册）

苏轼和弟弟苏辙感情深厚，也正是他们这样的手足情，陪伴苏轼走过了人生最艰难的时光。苏轼往往因为思念弟弟，写出了许多脍炙人口的名篇，这是最有名的一首，是苏轼在密州的时候写下的。有人说，在所有写中秋的词作里，“东坡《水调歌头》一出，余词尽废”，就是说，没有比这首词更厉害的了。这首词的厉害之处在于意境深远又通俗易懂，苏轼在与月亮的对话中，完成了一次浪漫的畅想，尤其是结尾句。更令人惊奇的是，苏轼的畅想里还有科学幻想的成分，不信您看：“明月几时有”是对宇宙起源、月球形成时间的思考；“不知天上宫阙，今夕是何年”是对外星球纪年的思考。看看，这些想象有多大胆？

江城子·密州出猎

苏　轼

老夫聊发少年狂，左牵黄，右擎苍，锦帽貂裘，千骑卷平冈。为报倾城随太守，亲射虎，看孙郎。

酒酣胸胆尚开张。鬓微霜，又何妨！持节云中，何日遣冯唐？会挽雕弓如满月，西北望，射天狼。

（入选部编版语文教科书九年级下册）

宋神宗熙宁年间，苏轼任密州知州，因旱灾前往常山祈雨，归途中与同僚梅户曹在铁沟会猎，写下了这首出猎词。此词通篇挥洒自如，气概豪迈，一个“狂”字贯穿始终。看那词人左手牵黄犬，右臂架苍鹰，好一副出猎的雄姿！随从的武士们也都身着“锦帽貂裘”，一身打猎装束。千骑奔腾，驰骋山野，“千骑卷平冈”，好一幅壮观的出猎图景！“为报倾城随太守，亲射虎，看孙郎”，更是彰显出苏轼的“狂”劲。“太守”即苏轼本人，他言道：“快告知全城百姓，随我一同打猎，看我仿效当年孙郎，亲自弯弓射虎！”从这般声情口吻中，可见其豪兴之盛。

定风波

苏　轼

三月七日，沙湖道中遇雨，雨具先去，同行皆狼狈，余独不觉。已而遂晴，故作此词。

莫听穿林打叶声，何妨吟啸且徐行。竹杖芒鞋轻胜马，谁怕？一蓑烟雨任平生。

料峭春风吹酒醒，微冷，山头斜照却相迎。回首向来萧瑟处，归去，也无风雨也无晴。

（入选部编版语文教科书九年级下册）

这首词是苏轼被贬黄州时所作。“乌台诗案”对苏轼而言是一场飞来横祸。苏东坡不是神仙，他和我们一样，是凡人，遇到这样的事也会恐惧。他不知道接下来还会被别人抓住什么把柄，一种不确定感、不安全感和被背叛的沮丧感笼罩着他。但是，慢慢地，他接受了现实。到了荒凉的黄州，日子虽然很艰难，但他却很快喜欢上了黄州的生活，还打算在这里安家。有一天，他听说附近的沙湖有一块很好的地，就和几个朋友去看地。走到一半的时候，天突然下起了大雨，带雨具的人已经走到前头去了。同行的人都觉得很狼狈，抱着头躲雨，只有苏轼不当回事，继续在雨中向前走。不久，雨就停了。这样一个小小的途中遇雨的经历，触动了苏轼的内心，“乌台诗案”之后那些情绪暗暗奔涌，最后沉淀成这首词。

图书在版编目（CIP）数据

我是苏轼 / 王春鸣著. -- 济南 : 济南出版社, 2025.7. --(诗词中国传少年). -- ISBN 978-7-5488-7196-5

Ⅰ. K825.6-49

中国国家版本馆CIP数据核字第202551QD46号

我是苏轼

WO SHI SU SHI

王春鸣　著

出 版 人　谢金岭
责任编辑　孟凡彩　蓝双秀　任旭东
内文插图　孙兆洋　郑　翰
版式设计　今亮後聲 HOPESOUND 2580590616@qq.com　韩久昊
封面设计　张　金

出版发行　济南出版社
地　　址　山东省济南市二环南路1号（250002）
总 编 室　0531-86131715
邮　　箱　35046852@qq.com
印 刷 者　济南新先锋彩印有限公司
版　　次　2025年7月第1版
印　　次　2025年7月第1次印刷
开　　本　900 mm × 660 mm　1/16
印　　张　12.5
字　　数　129千字
印　　数　1—5 000册
书　　号　ISBN 978-7-5488-7196-5
定　　价　33.80元

如有印装质量问题，请与出版社出版部联系调换
电话：0531-86131736